LENIFER MAMBETOVA

EDITED BY DAVID PARRY

MY HOMELAND, OH MY CRIMEA

LONDON 2015

HERTFORDSHIRE PRESS

Published in United Kingdom
Hertfordshire Press Ltd © 2015

9 Cherry Bank, Chapel Street
Hemel Hempstead, Herts.
HP2 5DE, United Kingdom

e-mail: publisher@hertfordshirepress.com
www.hertfordshirepress.com

MY HOMELAND, OH MY CRIMEA

by Lenifer Mambetova ©

English - Russian

Edited by David Parry
Translated from Russian by Translation Centre "Altima Group"
Design by Aleksandra Vlasova
Illustrations by Sabina Usmanova
Project manager Anna Lari (Suslova)

All rights reserved. No part of this book may be reprinted or reproduced or utilised in any form or by any electronic, mechanical, or other means, now known or hereafter invented, including photocopying and recording, or in any information storage or retrieval system, without permission in writing from the publishers.

British Library Catalogue in Publication Data
A catalogue record for this book is available from the British Library
Library of Congress in Publication Data
A catalogue record for this book has been requested

ISBN 978-1-910886-04-5

The *Marziya Zakiryanova Award*
for the best female work at Open Central Asia Literature Festival - 2014

Marziya Nurtazovna Zakiryanova (Aukhinova)

Calculated by current estimates, Marziya lived a short life. Indeed, she hadn't even celebrated her milestone anniversary, which would have been a month or so in the future...
Yet, she left in people's heartfelt memories - not just in those of her relatives' (or those she simply knew and spoke with) - recollections, sweet experiences, and the wisdom gleaned from her earliest years.

Looking back, from the first minutes of our meeting, this woman amazed me with her strength of spirit: her optimism and love of life. Despite the fact she was confined to a wheelchair. Interestingly, people around her didn't seem to notice this device; since she was such an active and cheerful person.

... It all began following a fatal accident on a mountain road in East Kazakhstan. An event splitting her life in twain. Beforehand, Marziya enjoyed a carefree childhood as part of a large family living in the small town of Temir. A place where people went to market in the Aktobe region. She spent happy years as a student in the city of Alma- Ata (bordered by the snow-capped peaks of the Trans-Ili Alatau), bringing up a young family with her partner Kairat. After the accident, however, despair and pain coloured her life to the extent that everyone around her feared the worst. Openly questioning how she could continue living...

Yet, in these darkest of moments, Marziya's relatives were united in their common purpose. They tried to ease both her physical pain and mental suffering. It was very hard for everyone, obviously. Particularly for Marziya herself. Nonetheless, as an extremely active young sportswoman who had tragically became immobilized she realized her spirit remained unbroken.

Defiantly, Marziya gathered her thoughts. After all, her children still needed her care, while her husband required his partner. Certainly, all of his free time was dedicated to her. Attempting, as he continually did, to get her on her feet. Everyone believing in possible miracles, even though nothing paranormal happened. Neither did medical trips to Germany, nor other rehabilitation centers, help above measurable expectations. Instead, it was meeting with casual acquaintances who shared her situation, which proved most effective! Simultaneously, Marziya's physicians changed her thinking about her plight. Each initiative helping her, as well as her family, to approach the problem in new ways.
Excitedly, she learned to walk with the support of splints. This surprised both doctors and patients in her German hospital. Moreover, success followed successes as she learned to jump from the wheelchair into the sea and swim for lengthy periods. No one could have imagined at the time that half of her body was motionless.

On a personal level, Marziya and Kairat had lots of friends. Literally as well as metaphorically, their door never closed. Undoubtedly, wide ranging interests drew like-minded people to them. Lovers of poetry, history, the countryside. Passions they also taught their children. Especially when living in the city of Ust-Kamenogorsk: a basecamp from which they often went on skiing trips, or in summertime, to swim in a mountain river. Occasionally coming to rest near Bukhtarma: a small lake where the whole family built a tiny chalet. Unsurprisingly, Marziya cheered everyone no matter where they were staying.

In herself, she recalled growing up with a loving and caring grandfather and grandmother. As such, according to Kazakh tradition, they considered her their own child. Hence, Marziya learned from them a philosophical attitude to life, how to approach strangers, show kindness, bear responsibility, and other qualities that became distinctive in her personality.

Unquestionably, therefore, Marziya was a highly valued employee wherever she worked – the calculating center for the State Planning Commission in Alma-Ata, for example. Or at the Institute of Software Systems in Novosibirsk. Or for that matter, "East-KazGeology" in Ust-Kamenogorsk. What is more, when she saw how pressured Kairat had become - whole days and nights spent counting (by hand) variants of his theory as a preparation for his dissertations defense - she wrote a program helping him make electronic calculations. Assuredly, productive results soon followed. Indeed, due to her assistance, Kairat proved his theorem. All meaning, in the world of serious mathematics "Zakiryanov's theorem" stands proud.

In equal measure, Marziya was a good friend and assistant in all of his affairs. Thence, when he became Rector of the East-Kazakhstan State University, and prospered in this educational institution, the bad reputation of the "smithy racketeers" it had earned in 1990 slowly vanished. Nowadays, it is the Academy of Sports and Tourism, wherefrom a large number of well-known athletes have achieved global recognition for the Republic of Kazakhstan. Marziya was additionally skilled in relating to those around her. For her daughter-in-law, Svetlana, the wife of her son Baurzhan, along with her son-in-law, Mars – husband to her daughter Asel, sweet Marziya developed into a counsellor. This helps to explain why they all became great supports to their mother and father. Beyond doubt, once they adapted to the new situation; they never upset their parents, but aimed to please them by their successes. Today, Baurzhan Zakiryanov has a PhD and a DBA degree in economics and business administration, whereas Asel Artykova is preparing to defend a doctoral dissertation in the juridical sciences.

Clearly, they gifted Marziya and Kairat with fine grandchildren – Tamerlan, Tomiris, Danat, Arslan and Ruslan.

For her part, Marziya found time to play with grandchildren. To teach them basic values. Thus, it came as no shock to anyone when their first clumsy, childish, but sincere, poems were devoted to her. Their own beloved grandma. In return, she tried to give her grandchildren all the joys of a happy childhood – beginning with toddler's toys, fun books, and eventually, trips to the sea.

As her grandchildren became older, she became their first real friend. Sharing their secrets and dreams with her. Assisting Tamerlan, she studied mathematics: patiently explaining the content of a problem and thinking, along with him, about possible ways to solve it. Marziya even taught him to think systematically. Maybe this contextualizes why he is presently the winner of various mathematical competitions; easily taking science. Concurrently, he, like his grandma, is a romantic: loving poetry and writing in the style of those "Silver Age" poets, so beloved by her. Eventually, as his grandma wanted, Tamerlan was admitted to a College in Cambridge University.

... Personally, she loved Tyutchev poems. In the early days after her accident (once she had returned to herself), Marziya immediately asked for volumes of poetry to be brought to the hospital. One book in particular, a battered brown covered tome, was always with her. Allowing the lines of her favorite poets to resound inside her. Maybe it also reminded Marziya of an inspirational Russian language teacher named Nadezhda Ivanovna Chupik from her schooldays. A man who inducted her into the mysteries of poetry and classical music. Maybe so! Either way, when she said, "Guys, listen ..." all fell silent: paying attention to enchanted lines read by famous actors, or flinching at the sound of resonant chords. In these moments, Nadezhda Ivanovna flew above her with winged memories. Suddenly, her big blue eyes would fill with tears. Marziya's recollections equally brought to mind that even the most hardened school bully would become quite in the presence of art ..... marking such moments as unusual. Removed from the mundane, but alive to the potencies of rural joy.

... Throughout the 70s, in her small town, there were no televisions. That's why young people often gathered together to play volleyball, football and ride bicycles. Or in the winter, to practice ice skating and skiing. Overall, Marziya knew friendships were made in this manner. Nonetheless, everyone still needed to find time for school lessons, physical training, helping the elderly, working on family farms, reading books, and going out to movies. Thus, she divided housework among younger brothers and sisters like a fair-minded judge. In the evenings, Marziya remembered, her parents would ask her if these instructions had been fulfilled or punishments were due? All confirming this era as a necessary learning curve in her development. Thenceforth, Marziya was a very organized person. A discipline helping her to struggle with her condition long after the accident. So structured, Marziya assisted all those around her, including her children and her husband. Teaching them to put everything in its correct place and to plan their affairs well in advance.

Marziya really loved her little granddaughter Tomiris. Avidly, she tried to discern the features of her character and direct its development towards a positive future. To guide, from childhood, this innocent into the greatest flourishing possible. With these intentions, Marziya taught Tomishko the tricks of cooking. They liked to prepare cakes together, along with cookies and different types of salad. Besides these delights, Marziya told Tomiris how cabbage, tomatoes, as well as herbs, grow. Adding, at the end, their age-old utility. For her part, Tomishko listened attentively to Marziya, eventually presenting delicious meals with her grandma to the entire family. In this, Marziya complimented her granddaughter as a very clever and very capable girl. When people asked Tomishko "What do you want to be?" she answered, "A restaurateur. I want people to enjoy my delicious food! And it should be beautiful!" Transparently, Marziya supported her by saying: "That's right! You will have the most beautiful restaurant! The most delicious food! If it is cooked with love, it will be the most delicious anywhere!" Now, Tomishko really was a very clever girl. Meaning sometimes she had other dreams, However, the foundations laid by her grandma continued light up her future life. Similarly, as love received in childhood warms a whole soul – she remains an optimist. When all said and done, such things are extremely important...

Reminiscent of that love which occurs in adolescence and joins one's life to a unique partner, so was the love between Marziya and Kairat. It was a combination of two passions, two strong characters, and two emotional spirits! Many around them couldn't understand its nature. Specifically when they could argue with one another over an insignificant matter, not give way to each other and refused to talk for days. Eventually, of course, Kairat would take the first step: "Okay, Honey, I was wrong!" Then, Marziya (before forgiving him) would sort out the controversy in detail, get to the causes of their quarrel, and finally reconcile with Kairat.

A favoured line of Tuytchev poetry reads:
>
> Love, love - an infusion
> The union of soul with the soul of my darling
> Their compounds, combinations,
> Their merging almost fatal,
> And… a fraught duel…

> Yet, one of them proves tender
> In an unequal struggle between two hearts,
> That is inevitable and true.
> Loving, suffering, sadly numbs,
> Until its final languishing ...

Together they discussed newspaper articles, political news, all newly published books. Marziya, an unrepentant "owl", often going to bed late: about 1 o'clock in the morning. Nearby their bed was a small lamp used for reading. Yet, Kairat never asked her to turn off the light and usually fell asleep with it on. By morning, over breakfast, Marziya would tell him about the content of the article or book she had read the night before.

When he was very tired and could not sleep, she appeased him saying, "Give me your hand, calm down, everything will be fine. Sleep, I'm near." Then, he fell asleep.

Marziya often quoted these lines of Tyutchev poerty:

> Do not argue. Do not hurry! ...
> Madness looks for stupid judges;
> Daytime napping treats a wound,
> While tomorrow will be what it will be.
>
> When alive, we can survive all:
> Sadness, joy and anxiety.
> What do you want? Why grieve?
> Another day lived through - thank God!

These lyrical words became ever more pertinent when she struggled with her terrible condition. Every day like an accounting, despite the fact she wanted to achieve great things in this life. To finish writing a book, to plant new seedlings in the garden, to play with her youngest grandson Danat, to discuss family issues with friends, to advise others how to act courageously in difficult situations. And in all these things she succeeded! That year (the one in which she was taken ill), saw Marziya write a book about her predicament "A Life with Pain and Desperation." Furthermore, she prepared for publication a book about her father – "The Road of Life." A front-line diary written by him as a 20-year old boy who experienced all the horrors of war and the delights of poetry. Unsurprisingly, perhaps, its deep philosophical content, uncovered a new side to this man. Sadly, he died too early: which is why she wanted to make sure future generations would be proud of their great-grandfather.

Every day after the physician's consultation, Kairat made sure he supported Marziya in easing her suffering and trying to keep her spirits high. He rejoiced at every moment of improved health, hoping that, eventually, Marziya would triumph over her disability. Alas, this did not happen. Marziya passed away on September 28th, 2013. In her final few minutes, she called to Kairat, and then fell into unconsciousness...

Today, the pain of losing her refuses to abate. But, the trees she planted continue to grow, gymnasiums she founded are working, houses built under her management abound, and her grandchildren thrive, while their dear grandma looks upon them from her tenderly smiling photos...

N. Aukhinova
April 15th, 2015

Приз за лучшую женскую работу имени
Марзии Закирьяновой
в Литературном фестивале
Открытая Центральная Азия - 2014

О Марзие Нуртазовне Закирьяновой (Аухиновой)

По меркам сегодняшнего дня она прожила недолгую жизнь, она не дожила до своего 60-летия чуть больше месяца...

Но она оставила в памяти и душах людей, не только родных и близких, но и знавших и общавшихся с ней, только светлые воспоминания и сожаления о ее раннем уходе.

Она поражала с первой минуты знакомства с ней своей силой духа, оптимизмом, жизнелюбием, несмотря на то, что была прикована к инвалидной коляске. Люди не замечали этого, настолько она была активным, жизнерадостным человеком.
... Роковая авария на горной дороге Восточного Казахстана перечеркнула ее жизнь надвое. В первой части жизни – беззаботное детство в кругу большой семьи в маленьком степном городке Темире Актюбинской области, затем годы студенчества в городе Алма-Ате, окаймленном снежными вершинами Заилийского Алатау, создание семьи с любимым Кайратом, рождение детей и становление молодой семьи...
После аварии – отчаяние, боль, шок у всех и незнание, как дальше жить...

В этот тяжелый период жизни сплотились все родные, стараясь облегчить ей не только физические, но и душевные страдания. Было очень тяжело всем, но, в первую очередь, самой Марзие. Очень активная, увлекающаяся спортом молодая женщина, она в один момент оказалась обездвижена, но ее дух был не сломлен.

Она быстро взяла себя в руки, ведь рядом были дети, нуждающиеся в ее любви и заботе, муж - каждую свободную от работы время посвящающий ей, старающийся побыстрее поставить ее на ноги. Все верили и надеялись на чудо, но, к сожалению, оно не произошло… Не помогли ни поездки в Германию, ни другие реабилитационные центры… Но встреча и знакомство со многими людьми, оказавшимися в такой же ситуации, как она, с врачами, учившими их жить заново, помогли Марзие по-другому отнестись к своей проблеме, вместе с ней учились жить по другому и ее близкие.

Она азартно, как и всегда, когда она за что-нибудь бралась, училась ходить в специальных приспособлениях-лангетах, удивляя врачей и пациентов клиники в Германии своими успехами, научилась прыгать с инвалидной коляски в море и долго плавать там. Никто не мог тогда подумать, что половина тела у нее неподвижна.

У Марзии и Кайрата много друзей, двери их дома никогда не закрывались. Широкий круг интересов привлекал к ним единомышленников - любителей поэзии, истории, активного отдыха. Они приучали к этому и своих детей: когда жили в городе Усть-Каменогорске часто ходили в лыжные походы, летом – купались в горной речке и отдыхали на Бухтарминском водохранилище, всей семьей активно обустраивали дачный участок. И везде заводилой была Марзия.

Она, выросшая в любви и заботе своих дедушки и бабушки, по казахским обычаям считавших ее своей дочерью, научилась у них философскому отношению к жизни, мудрости, умению распознавать людей, доброте, ответственности и другим качествам, ставшими ее отличительными чертами характера.

Марзия была хорошим программистом, ее ценили в тех коллективах, где она успела поработать – и в вычислительном центре Госплана в Алма-Ате, в НИИ программных систем в Новосибирске, в «Востокказгеологии» в Усть-Каменогорске. Видя, как мучается Кайрат, днем и ночью вручную просчитывающий варианты доказательства своей теории при подготовке к защите своей кандидатской диссертации по математической логике, она, написав программу, помогла Кайрату произвести электронные расчеты и получить положительный результат. Благодаря этому, он доказал свою лемму, в математическом мире есть «лемма Закирьянова».

Она была его верным соратником и помощником во всех его делах – когда он стал ректором Восточно-Казахстанского госуниверситета и ставил «на ноги» это учебное заведение, когда его назначили ректором Казахского физкультурного института, имевшего в 90-х годах прошлого века дурную славу «кузницы рэкитеров». Сейчас это Академия спорта и туризма, воспитавшая немало знаменитых спортсменов, сделавших узнаваемым Республику Казахстан во всем мире.

Она сумела стать близким и родным человеком – мамой для своей снохи Светланы, жены сына Бауржана, и зятя Марса – мужа дочери Асель. Сын и дочь были большой поддержкой для мамы и отца, когда они всей семьей учились жить в новой ситуации, ничем и никогда не огорчали своих родителей, а только радовали своими успехами.

Сегодня Бауржан Закирьянов – дважды доктор наук по экономике и бизнес-администированию, Асель Артыкова – кандидат юридических наук, готовится защитить докторскую диссертацию.

Они подарили Марзие и Кайрату замечательных внуков – Тамерлана, Томирис, Даната, Арслана и Руслана.

Марзия успела повозиться с внуками, научить старших внуков основным человеческим ценностям. Свои первые неумелые, по-детски искренние, стихи они посвящали ей, своей любимой апашке. И она старалась подарить своим внукам все радости счастливого детства – начиная от первых игрушек, веселых книг, до поездок на море. Хотя ведь это очень сложно – ехать с маленькими детьми на море.

Когда внуки стали постарше, она была их первым другом, с ней они делились своими секретами и мечтами. С Тамерланом она занималась математикой, терпеливо объясняя содержание задачи и рассуждая вместе с ним о возможных путях ее решения, учила его мыслить системно. Может поэтому сейчас он победитель различных математических олимпиад, ему с легкостью даются естественные науки. Он так же, как и апашка, романтичный, любит стихи, и пишет их в стиле поэтов «серебряного века», так любимых Марзией.

…Особенно она любила произведения Ф.Тютчева. В первые дни после аварии, когда она пришла в себя, сразу же попросила принести ей в больницу томик стихов. И эта книга в потрепанном коричневом переплете всегда была с ней рядом. Что напоминали строки любимого поэта? Может, те литературные вечера в школе, когда любимая учительница русского языка и литературы Надежда Ивановна Чупик посвящала их в таинства поэзии, классической музыки? Когда она говорила: «Ребята, послушайте…» и все замолкали, слушая записанные на пластинки стихи, так проникновенно читаемые известными актерами, или вздрагивая под звуки аккордов? Сама Надежда Ивановна в эти моменты тоже уносилась мыслями куда-то, ее большие синие глаза увлажнялись… Даже самые заядлые школьные хулиганы притихали в такие минуты… И эти вечера были необыкновенные, отвлекали от каждодневной, полной забот и труда, сельской жизни.

…В 70-е годы прошлого века в нашем маленьком городке еще не было телевидения, поэтому молодежь часто собиралась вместе, чтобы поиграть в волейбол, футбол, зимой покататься на коньках и лыжах, погонять на велосипедах. И Марзия была активной участницей всех игр, у нее было много друзей. Нужно было найти время для всех дел: уроков, тренировок, помощи старикам по дому, по хозяйству, почитать книги, вечером – в кино или литературный кружок. Как старшая среди детей, она распределяла работу по дому среди младших братьев и сестер, и не забывала проконтролировать исполнение. Потому что вечером спрос от родителей был с нее, и если поручение, почему- либо было не выполнено, доставалось ей. Поэтому Марзия с детства была очень организованным человеком. Эта черта характера помогла ей не раскисать и бороться со своей болезнью после аварии, она дисциплинировала и близких, заставляя и детей, и мужа, и помощников ставить все на свои места, доводить начатое дело до конца, планировать свои завтрашние дела заранее.

Марзия очень любила свою маленькую внучку Томирис, старалась разглядеть черты ее характера и направить ее развитие в будущем в правильное русло, чтобы она с самого детства знала, чем же будет заниматься в жизни профессионально. Учила Томишку премудростям кулинарии, им нравилось вместе лепить пирожки, готовить печеньки, разнообразные салаты. При этом Марзия рассказывала Томирис как растет капуста, помидоры, другая зелень, чем они полезны. И Томишка внимательно ее слушала, с удовольствием вместе с апашкой угощала родных своими творениями, Марзия при этом нахваливала свою внучку, какая она умница, умелица и очень способная девочка. Когда Томишку спрашивали: «Кем ты хочешь быть?», она говорила: «Ресторатором. Хочу вкусно кормить людей! И чтоб было красиво!». И Марзия ее поддерживала и говорила: «Правильно! У тебя будет самый красивый ресторан! Самая вкусная еда! Если она приготовлена с любовью, она будет самая вкусная!».

Сейчас Томишка очень рассудительная девочка, конечно, у нее появились другие мечты, но основы, заложенные в характере апашкой, еще проявятся в ее жизни и будут помогать ей. Ведь любовь, полученная в детстве ребенком, согревает всю его будущую жизнь, и это очень важно...

Как и та любовь, которую встречаешь в юности, доверяешься зову сердца и соединяешь свою жизнь с единственным человеком. Таким человеком для Марзии стал Кайрат. Это было соединение двух страстей, двух сильных характеров, двух личностей! Многие не понимали, что это за любовь, когда они в пух и в прах могли разругаться по какому-то незначительному поводу, не желая уступать друг другу, несколько дней не разговаривать, а потом первый шаг, как обычно, делал Кайрат: «Ладно, дорогая, я был неправ!». А Марзия, прежде чем простить его, по полочкам раскладывала весь их спор, все-таки доискивалась причины ссоры, и только потом мирилась с Кайратом.

Как верны строки любимого Тютчева:
> Любовь, любовь – гласит преданье-
> Союз души с душой родной –
> Их съединенье, сочетанье,
> И роковое их слиянье,
> И... поединок роковой...

> И чем одно из них нежнее
> В борьбе неравной двух сердец,
> Тем неизбежней и вернее,
> Любя, страдая, грустно млея,
> Оно изноет наконец...

Они вместе обсуждали газетные статьи, разные политические новости, были в курсе всех книжных новинок. Марзия была явной «совой», спать ложилась поздно, где-то в час ночи, в ее изголовье горела лампа, а она читала. Но Кайрат никогда не просил выключить свет, привык засыпать так. А за утренним чаем Марзия успевала рассказать ему о содержании прочитанной ночью статьи или книги.

Когда он сильно уставал и не мог уснуть, она успокаивала его и говорила: «Дай руку, успокойся, все будет хорошо. Спи, я рядом». И он засыпал.

Марзия часто цитировала такие строчки Ф. Тютчева:
> Не рассуждай, не хлопочи!...
> Безумство ищет, глупость судит;
> Дневные раны сном лечи,
> А завтра быть чему, то будет.
>
> Живя, умей все пережить:
> Печаль, и радость, и тревогу.
> Чего желать? О чем тужить?
> День пережит – и слава богу!

Особенно эти слова стали актуальны, когда она боролась со страшной болезнью, когда каждый день был на счету, и надо было успеть еще многое в этой жизни. Дописать книгу, посадить новые саженцы в своем саду, успеть понянчиться с младшеньким внуком Данатом, обсудить проблемы родных и друзей, посоветовать, как поступить в той или иной ситуации.

За тот год, что болела, она успела написать книгу о своей судьбе «Жизнь выше боли и отчаяния», подготовить к печати книгу об отце и его фронтовом дневнике – «Дорогами жизни». Читая написанные им – 20-летним юношей, познавшим все ужасы страшной войны, стихи, удивлялась их глубокому философскому содержанию, открывала заново для себя отца, рано ушедшего из жизни, и очень хотела, чтобы внуки и правнуки знали и гордились своим прадедом.

Каждый день после поставленного врачами диагноза рядом был Кайрат, теперь он поддерживал ее дух в этой борьбе, старался облегчить ее страдания. Радовался любому маломальскому улучшению здоровья, надеялся, что она в очередной раз одержит победу.

Но, увы, этого не произошло. Марзия ушла из жизни 28 сентября 2013 года. И в последние мгновения своей жизни она позвала Кайрата, а потом впала в забытье...

Сегодня боль от ее утраты немного поутихла. Продолжают расти деревья, посаженные ее рукой, стоят спортивные залы, дома, построенные под ее руководством, а в них резвятся и подрастают внуки, а на них с фотографий смотрит любимая апашка и нежно улыбается...

Н. Аухинова
15 апреля 2015 года

MY HOMELAND, OH MY CRIMEA

INTRODUCTION

The hands of our ancestors are ever active. Weaving, as they do, their signs and marks into everything manifest. Hardly a surprise, on reflection, since the departed have always heavily outnumbered those presently surrounding us. Yet, realizing the unending power of our forebears may shock unwary observers, while openly unsettling the faint of heart. After all, ancestral influences can take challengingly repellent, unrepentantly grotesque, or even divinely aesthetic expression. All meaning, on the level of the Global Text, poets usually fall into a necessary burlesque when such spectres appear in verse. Or, contrarily, feel compelled to adopt an overly tragic attitude in order to ward-off their threatening atmospheres. Be either of these errors as they may, the secret power of ancestry is still found in the unlimited semiosis it incarnates in our own lives. A process referentially labelling, as well as cleverly inducing, creative identity. Indeed, not to admit these traditional benefits as an honest (but nevertheless scripted) engagement with ourselves remains the real problem. Although flatly denying literary significations of this kind is cultural blindness to say the very least.

Themes, so stated, clearly explored in my own work and unexpectedly shared by the remarkable poetess Lenifer Mambetova. In which case, introducing *My Homeland, Oh My Crimea* in its first English edition is not simply an honour, but also a reminder of our common humanity. Moreover, as the first Crimean-Tartar poetry collection ever published in the English-speaking world, it is an extremely rare privilege. Certainly, Lennifer's terse and highly evocative style will delight her new readerships. Reminding them through politicized image and lamenting symbol that writer's "learn" prose, although they "express" poetry. The latter being an act of healing, along with the possibility of genuine transcendence.

David Parry
London 2015

UNDERSTANDING TATAR CRIMEA

Lenifer Mambetova's newly published poetry is a timely reminder that the peninsula's history might just be repeating itself...again.

Thanks to poetry of Lenifer Mambetova we can restore the tragic fate not only of one family, but also of a whole people, forcibly expelled from their native lands. The main theme of her poems is dedicated to her parents, whose memories and stories helped the author to reconstruct the cruel history of the deportation of Crimean Tatars, as well as the family history. This is quite unique. According to the narration, the author herself was born outside of Crimea, and the family's memory of their historical homeland was the basis for the formation of her own identity.

The poems also subtly capture and transmit the gender differences in the perception of the deportation of the author's parents. The manifestation of the identity of the Crimean Tatars from her father is expressed more harshly and aggressively: "We - the Crimean Tatars!", while her mother goes through a more emotional and humble experience of relocation to a foreign country. No less interesting is the image of her grandfather. According to the poems, the author has never seen him. He grandfather, who studied at the madrasah and worked as a school teacher, died, outside of Crimea, before the birth of the talented poet.

Intriguingly, the "confession" of an old steam locomotive, which carried the deported Crimean Tatars, suggests, chillingly, that an inanimate piece of iron held more humanity and empathy towards the exiles, than those who ordered and carried out the process of deportation of the Crimean Tatars.

In general, the author manages to convey the pain of a people who were forcibly resettled from their homes to distant foreign lands. The family memory is so strong that it helped the author recover and, with amazing accuracy, tell the story of her family as they was snatched from their homes and subjected to all the horrors of deportation, considered worthless human lives. The desire to return to their homeland is the firm foundation of her own identity. Return is the meaning of life for all nations, all the more so as the Crimean Tatars were allowed to return home much later than other repressed peoples. Mambetova's poems create the sustainable idea of how people who were forcibly separated from their historical roots and their homeland, keep the image of the homeland in their memory and transmit it to their offspring.

As for the style of the poems it should be noted that the author has used various types of versification, and she perfectly can use both complex and simplistic rhymes and syllables in the creation of different poetic forms. The poetry of Lenifer Mambetova conveys the whole range of human feelings when using different styles to display the imaginative and emotional information. She is to be thoroughly congratulated for producing this work, which is as relevant given the political events of today, as it was during her family's time.

— Nazgul Mingisheva
Lecturer, Karaganda State University, Kazakhstan

ПОЭЗИЯ – ЭТО КОГДА СЛОВО АВТОРА СТАНОВИТСЯ ЧАСТЬЮ ТВОЕЙ ЖИЗНИ...

Читая поэтические строки, невольно задаешься вопросом: что есть поэзия? Эстетический изыск, когда нерядоположенные слова, волею автора, выстраиваются в симметричную форму, создавая неожиданный яркий образ или же простые и незамысловатые фразы, которые передают глубинные чувства автора? Когда эти слова раскрывают выстраданные чувства?..

У меня нет ответа на эти вопросы, когда я читаю поэтические строки крымскотатарской поэтессы Ленифер Мамбетовой. Более того, эти вопросы уходят на задний план, становясь неуместными.

Уже само посвящение подборки стихов, адресованное памяти ушедшим из жизни родителям, говорит о том, что это даже не стихи, а откровения, перед теми, кто дал ей ощущение Родины. Пленительно прекрасной, зовущей к себе как воплощение мечты о возвращении к истинной Родине.

Сама поэтесса родилась и выросла на чужбине, так и не ставшей ей родным очагом, о чем она признается:

> Двух родин, знаю, не бывает,
> Но как мне быть – терзаюсь я.
> Душа ликует и страдает,
> Ведь не в Крыму родилась я.

Ибо зов далекой Родины был передан ей рассказами родителей:
> О Крым, мне грусть твоя знакома
> Из песен моего отца.

И теперь, воплощая неизбывную мечту своих родителей, автор восторженно восклицает:
> Какое счастье, поверь, возвращаться
> На родину предков – к своей мечте.
> О Крым, мы те же, твои навеки.
> Домой вернувшись из чуждых стран,
> Словно большие и малые реки
> К тебе стремимся, в свой океан.

И это чувство единения со своей родиной, с ее природой кажется автору взаимным:
> Мне кивают величаво горы,
> Кланяются травами поля.
> И морские говорят просторы:
> «Помни, это родина твоя!...»

Но сквозь слезы счастья обретения Родины, перед глазами автора всплывают картины народной трагедии, которая оставила незаживающую рану в душах крымскотатарского народа:

Словно в сердце ножом - депортация...
В вышине неба плачущий свет.
Мчался поезд от станции к станции,
Зло твердя: «Больше родины нет...»

* * *

Из ташкентского ГУВэДэ
На запросы пришёл ответ:
Депортирована Максуде...
Было маме тринадцать лет.

* * *

Стариков беспомощных,
Женщин и детей
Гнало ночью тёмною
Стадо нелюдей.

* * *

В спину автоматами
Подгоняя их.
Не души, слеза, меня,
Дай закончить стих.
Где вы, дети-бабочки,
Тополечки, где?
Где ты, босоногая
Девчушка Макъсуде?

Эти небольшие фрагменты из сборника стихов Ленифер Мамбетовой побуждают пережить народную трагедию крымских татар, проникнуться чувством осознания себя как части неразрывного пространства природного ландшафта и народной души, стоически пережившей трагическую утрату Родины и пронзительное по своей остроте, ощущение ее обретения.

Говорят, что Всевышний испытывает
своих любимых чад.
Слабое утешение...

*Жангожа Рустем,
Доктор философских наук, профессор,
член Всемирной Ассоциации писателей PEN-club*

С большим интересом прочитал стихи Ленифер Мамбетовой *Крым, Родина моя*. Сейчас много говорят и пишут о Крыме, но в основном в жанре публицистики. Крым в известной степени становится яблоком раздора между Востоком и Западом. То, что и как написала Ленифер Мамбетова об этом прекрасном и трагическом полуострове, способно скорее соединять людей, а не разъединять их. Ещё и потому, что это если и публицистика, то не политическая, а поэтическая. Крым у Ленифер печален, но эта печаль, которая – светла. Вся книга пронизана любовью ко вновь обретённой родине, полна тепла и грусти от того, что столько лет её автору, крымской татарке по национальности, выпало провести, да и родиться, не на этой своей малой родине, Которую она, правда, пишет «с большой», а далеко-далеко от неё. Поэтесса сострадает людям, пережившим сталинскую депортацию, вспоминает свою безвременно ушедшую мать. И всё своё поэтическое дарование подчиняет одному: наверстать упущенную любовь и помочь людям, независимо от национальности, понять друг друга.

Возможно, Крым в её произведениях не фактографичен, несколько иной, чем на самом деле, в какой-то мере идеализирован. Но это – её собственная Вселенная, она – её одарённый создатель и песнопевец. Не зря сейчас так в моде теория, что всё сущее существует только до тех пор, пока есть Свидетель этого сущего. Ленифер Мамбетова – больше чем свидетель, так пускай же её Крым счастливо продолжит своё двуязычное существование.

Отдельно хочу сказать об иллюстрациях книги, сделанных совсем ещё маленькой девочкой Сабиной Усмановой. Её Крым – яркий, сочный, красочный, сказочный, счастливо дополняет тот его более строгий и грустный образ, который в стихах и прозе воссоздала крымско-татарская поэтесса Ленифер Мамбетова.

– Георгий Пряхин,
академик Академии российской словесности,
секретарь Союза писателей России

Поэзия Л. Мамбетовой настолько глубоко, обнаженно и эмоционально передает душевную боль самой поэтессы и ее народа, что слова и слезы, идущие от сердца Ленифер, способны растопить даже лед вечной мерзлоты. Через весь сборник красной нитью проходят сразу несколько важных тем, связанных между собой тесными нитями.

Самая пронзительная тема – это страдание и горе крымско-татарского народа, вынужденного насильственно покинуть свою священную землю, находит свое отражение во многих частях поэтического сборника:

Вагон. Седой старик. А рядом внук его.
Младенец на руках. В слезах у женщин очи.

Суровый, долгий путь, назначенный судьбою,
Мы по нему идем так много тяжких лет.

Сама природа в «черный» майский день находится в глубокой печали и трауре:

Было в скорби утро раннее,
Скорбью веяло с полей.

Осиротела в ту же ночь земля,
Слезами звезды скатывались в море,
Заплакали и горы, и поля...

Следующая тема поэзии Ленифер – это тема ее горячей дочерней любви. Она посвящает поэтические строки своей маме Макъсуде, деду Лятифу и отцу Иззету:

Где ты, босоногая
Девчушка Макъсуде?
Был учитель он в татарской школе,
Любящим был мужем и отцом.
В слезах отец поет «Гузель Крым»,
О самом дорогом для сердца крае.

Центральная тема сборника – это тема Родины, Крыма, мысль о котором жила в сердцах крымских татар каждое мгновение их жизни, когда они находились на чужбине. Возвращение на Родину – это восстановление попранной справедливости, это осуществление глубокой и сокровенной мечты крымско-татарского народа и самой поэтессы:

Какое счастье, поверь, возвращаться
На родину предков – к своей мечте.
Крымом моя Родина зовется
И ему я кричу: «Мераба!»
Как же я люблю тебя родная,
Дедовская крымская земля.

Возвращение домой, на желанную Родину, в Крым, приветствует сама «божественная» сила:

С небес, где звезды светят вечно,
Я слышу: «Хош кельдинъ, кизим».

Добиться столь высокого воздействия на читателей Ленифер Мамбетовой помогают не только особым образом подобранная лексика и выражения, не только сильный душевный посыл, но и стилистические приемы, особое место среди которых занимает олицетворение природы и абстрактных понятий: беда вломилась на рассвете; мать-земля плачет; шепчут горы, море и поля; солнца луч в облаках исчез; небо зажигает свечи; кланяются травами поля; потихоньку засыпает день; солнца луч в облаках исчез; догорает теплый летний вечер; молодость умчалась в Лету…

Усиливают эстетическое воздействие поэтических строк эпитеты и сравнения: прощальная слеза, белые птицы, чужая даль, чистые сердца, нетленный свет, дома стоят как тени, года растаяли как дым…

Образ вольной птицы как символ свободы является особо значимым для творчества Л.Мамбетовой:

> Увозили прочь, в изгнание,
> Белокрылых лебедей.
> Летите вы, мои печали,
> К ним стаей скорбных лебедей.
> А птицам неба с чистыми сердцами
> Никак им было не понять людей.
> Распластав волшебной птицей крылья
> Над деревней Къышкъара лечу.

Безусловно, что очень лиричная и одновременно очень трагичная поэзия Л.Мамбетовой должна получить самое широкое признание читательской аудитории и быть доступной миллионам читателей.

Васильев А.И.
Кандидат филологических наук, доцент

MY HOMELAND, OH MY CRIMEA

This poem is in loving memory of my parents: father Izzet and mother Maksuda. I kept their images in my heart from early childhood. I have shared with them their tears and fear of returning to our motherland...

* * *

Warm winds stroke the curls of my son
Praying on parting.
Goodbye my motherland - foreign land!
Meraba (hello), oh my motherland!

Crimean winds are happy to see us,
Each wind is happy with my sons.
And, perhaps, our birthplace heals
From painful separation and saddening loss.

My heart resounds with quiet weeping,
But I will not be weak-minded.
The Crimea, my homeland, is calling,
And I shouted at her: "Meraba!"

---

*Meraba (in Crimean Tatars language) means "Hello".

КРЫМ, О РОДИНА МОЯ

Стихи посвящаю светлой памяти моих родителей: отца Иззета и матери Макъсуде. Их воспоминания ношу в своём сердце с самого детства. Их слёзы и боль о возвращении на родину – теперь мои слёзы, моя боль...

* * *

Гладит тёплый ветер кудри сына
О нерасставании моля.
Хайр, моя родина – чужбина!
Мераба, о родина моя!

Ветер крымский радуется встрече,
Сыновьям моим он очень рад.
И, быть может, родина залечит
Боль разлук и горестных утрат.

Сердце тихим плачем отзовётся,
Но душой не стану я слаба.
Крымом моя родина зовётся,
И ему кричу я: «Мераба*!»

---

* *Мераба (кр.тат) - Здравствуй!*

MY HOMELAND, OH MY CRIMEA

TO THE FAR SHORES OF MY MOTHERLAND ...

For the far shores of my motherland
I had been long absent from home ...
Yet, my heart knew no real sadness,
Since I sought Crimea in my soul.

There are not two homelands, I know,
So, how can I be this tormented?
My heart rejoices and suffers
Although, I wasn't born in Crimea.

But my mother's stories from childhood -
Taste like apple smoke,
Hearing them, I fell immediately in love
With the Crimea - a country of childhood
fairy tales.

Yet here I am, and my heart beats,
Although no breath finds excitement,
And my thoughts rush skyward:
"Oh, anyway, I passed this way.

Over horizons, somewhere in the haze
Leaving my own home,
Wherein Youths dashed away into oblivion,
Where every stone is a signpost.

But I hear his voice, he is cordial,
Painfully deluding our relatives.
From the sky, where the stars shine forever,
I hear: "Welcome, Daughter."

Mother's prayer I whisper in return,
While thoughtfully closing my eyes,
As my cheek uncontrollably
Runs with blood-hot tears.

КРЫМ, О РОДИНА МОЯ

ДЛЯ БЕРЕГОВ ОТЧИЗНЫ ДАЛЬНЕЙ...

Для берегов отчизны дальней
Я покидала край родной...
На сердце не было печали,
Стремилась в Крым я всей душой.

Двух родин, знаю, не бывает,
Но как мне быть – терзаюсь я.
Душа ликует и страдает,
Ведь не в Крыму родилась я.

Но с детства мамины рассказы –
Они, как яблоневый дым,
Услышав, я влюбилась сразу
В страну из сказки детства – Крым.

И вот я здесь, и сердце бьется,
И от волненья не вздохнуть,
А в небо мысль моя несется:
«О, всё ж прошла я этот путь.

За горизонтом, в дымке где – то
Покинула родимый дом,
Где молодость умчалась в Лету,
Где каждый камешек знаком.

Но слышу голос, он сердечен,
До боли чудится родным.
С небес, где звезды светят вечно,
Я слышу: «Хош кельдинъ, кизим».

Молитву мамину шепчу я,
Прикрыв задумчиво глаза,
А по щеке неудержимо
Бежит горячая слеза.

MY HOMELAND, OH MY CRIMEA

IN LOVING MEMORY OF FATHER IZZET AND MOTHER MAKSUDA.

I have returned to you, my motherland,
And have stopped arguing about my fate!
Although, in dreams I see repeated scenes,
Of running with my parents to the sea.

The waves of our Crimean shore would greet us
with delight,
They gently touched my mother's hands,
as though alive.
It seemed they were joyful, even courageous,
Despite my mother and these waves
being separated for ages!

Father sings "Guzel Crimea" and he is crying hard,
His song narrating a motherland dear to his heart.
Yet years went by and disappearing
as quickly as the fume,
We kept in mind that "Black May Day",
as well as trees abloom!

I have returned to you, my motherland,
Forever I will love you until dying.
I feel my parent's presence in dreams again,
I cover my face with hands, and I am crying...

КРЫМ, О РОДИНА МОЯ

ПАМЯТИ МОЕГО ОТЦА ИЗЗЕТА И МАМЫ МАКЪСУДЕ ПОСВЯЩАЕТСЯ.

Я возвратилась, родина, к тебе,
И о судьбе своей уже не спорю.
Мне часто ночью видится во сне,
Как я бегу с отцом и мамой к морю.

Нам радуется крымская волна,
И нежно мамины целует руки.
Восторга и высоких чувств полна –
Ведь были вечность целую в разлуке.

В слезах отец поет «Гузель Крым»,
О самом дорогом для сердца крае.
Прошли года, растаяли, как дым –
Он помнил черный день в цветущем мае.

Я возвратилась, родина, к тебе.
Любви к тебе вовек я не растрачу.
Отца и маму вижу лишь во сне.
Ладонями закрыв лицо, я плачу.

MY HOMELAND, OH MY CRIMEA

DEDICATED TO MY PARENTS MEMORY…

I came to the Crimea, to its footnotes
To lay down gifts of sorrow,
To salty foam shores,
To mountains, steppes at a foggy distance.

I came drawn by the soul
Not to take away faces with tears.
Oh Crimea, I know your sadness
Through the song's my father sang.

The hurt of innocent suffering is heard,
Winds whisper to me about that
Away from my homeland, in exile
People continued living their long years.

Relatives remembering faces,
I folded my hands in prayer.
My sadness, similar to birds,
Whose wings I quietly untied.

Graves were dug in the land of exile,
For my father and mother.
My sadness flies to them,
Like a sorrowful flock of swans.

КРЫМ, О РОДИНА МОЯ

ПАМЯТИ МОИХ РОДИТЕЛЕЙ ПОСВЯЩАЕТСЯ...

Пришла я, Крым, к твоим ногам
Сложить дары своей печали,
К соленым пенным берегам,
К горам, степям в туманной дали.

Пришла к тебе, душой влекома,
Не отводя в слезах лица.
О Крым, мне грусть твоя знакома
Из песен моего отца.

В них боль безвинного страданья,
О том мне ветры шелестят.
Вдали от родины, в изгнаньи
Народ жил много лет подряд.

Родные вспоминая лица,
В молитве руки я сложу.
Своим печалям, словно птицам,
Я тихо крылья развяжу.

В краю изгнания могилы
Отца и матери моей.
Летите вы, мои печали,
К ним стаей скорбных лебедей.

MY HOMELAND, OH MY CRIMEA

* * *

We are not impostors,
we are your children, oh Crimea,
Not beggars, we do not ask for bread.
We love you more than anyone else in this world,
We carry our heartfelt love for you as a joy.

Cruelly were separated from you once,
But my heart still believes you are waiting for us.
We yearned in foreign lands, in captivity.....
Can it be true, oh homeland,
don't you recognize us?

White robes are worn out on the road,
But we were carried by twin wings of hope.
We clung to you with our wounded souls
Tell us, homeland, that you know we waited?

Dress us, as before, in your splendor,
Please soothe and calm your children
Remove decayed rags on the way,
And at your feet we shall find our peace.

КРЫМ, О РОДИНА МОЯ

* * *

Не самозванцы мы, о Крым, твои мы дети,
Не попрошайки, хлеба мы не просим.
Тебя же любим больше всех на свете,
Любовь к тебе в своем мы сердце носим.

С тобой когда-то нас жестоко разлучили,
Но сердце верило, что ты нас ждешь.
В неволе, на чужбине нас томили…
Ужель, о родина, ты нас не узнаешь?

Одежды белые в дороге обветшали,
Но нас несли надежды два крыла.
Душой израненною мы к тебе прижались,
Скажи нам, родина, что очень нас ждала.

Одень, как прежде, нас в свое великолепье,
Своих детей утешь и успокой.
Сними в пути истлевшее отрепье,
И мы у ног твоих отыщем свой покой.

MY HOMELAND, OH MY CRIMEA

*** * ***

I was not nurtured in my native land,
Whose mysterious voice is dear to me,
Where so many grassy hills
Are great graves for my ancestors!

Fields are plowed by my grandfather there.
The Crimea - my father's beloved land,
Our pain makes grief vigilant
And seasick with disturbing winds!

Suppose now, that troubles do not happen,
We returned, having heard a native call,
To cry over the graves of ancestors,
To cry over our fate

Someone's face, both malicious, and pale …
Yet, hiding a trembling heart,
Near fires of cleansing faith
We will burn its slander and lies …

КРЫМ, О РОДИНА МОЯ

* * *

Не взращён я землёю родною,
Чей таинственный голос мне мил,
Где так много поросших травою
Моих предков великих могил.

Дедом здесь перепахано поле.
Крым – мой отчий возлюбленный край,
Нашу боль, неусыпное горе
На тревожных ветрах укачай!

Пусть теперь не случаются беды.
Мы пришли, зов услышав родной,
Прорыдать над могилами дедов,
Отрыдать над своею судьбой.

Чьи-то лица и злобны, и серы...
Но, скрывая сердечную дрожь,
На костре очищающей веры
Клевету мы сжигаем и ложь...

MY HOMELAND, OH MY CRIMEA

* * *

The round sun, sea waves,
Wind with a touch of sadness,
And the breath of our ancestors is full
Amid ghostly distances in my Crimea.

I had not seen since birth
These Crimean landscapes,
I heard no waves, no singing...
Who is guilty of this theft?

Because of you, heart - a bird,
It is gone to Crimea as from a cage ...
It is bitter, bitter not to be born on the earth,
Where ancestors lived.

КРЫМ, О РОДИНА МОЯ

* * *

Солнца диск, морские волны,
Ветер с привкусом печали,
И дыханьем предков полны
Крыма призрачные дали.

Не видала я с рожденья
Эти крымские пейзажи,
Волн не слышала я пенья...
Кто повинен в этой краже?

Оттого ты, сердце - птица,
В Крым стремилось, как из клетки...
Горько, горько не родиться на земле,
Где жили предки.

MY HOMELAND, OH MY CRIMEA

***

I cry aloud to the stars, but they can't hear my cries.
Endlessly, they twinkle in the sky.
Its good fortune to return back home,
to believe in dreams,
To native lands, where earlier our Forefathers
used to live.
From foreign country's we've returned
to live and stay at home.
Oh, Crimea we're the same and we're forever yours!
Great and minor rivers flow and fall into the ocean,
But like these rivers we eternally express
our devotion to you.

КРЫМ, О РОДИНА МОЯ

* * *

Кричу я звёздам – не докричаться.
Они мерцают мне в высоте.
Какое счастье, поверь, возвращаться
На родину предков – к своей мечте.
О Крым, мы те же, твои навеки.
Домой вернувшись из чуждых стран,
Словно большие и малые реки
К тебе стремимся, в свой океан.

MY HOMELAND, OH MY CRIMEA

* * *

Do not be sad my heart, and leave tears to the rain.
They took our homeland away from us, but we were able to return,
As if courageous birds soaring through the skies of our homeland.
Not harbingers of misfortune, but the messengers of good news.

Let's believe in ourselves and in Crimean horizons
Look, and fly up high with admiration.
We are at homeland, thus sorrow has ran out of time.
Learn to be happy - although it's not so easy.

We are at homeland! So, the best waits ahead.
We have inherited our native shores along with their difficulties.
Let's wish ourselves, although only a little,
To look at tomorrow behind todays rain …

КРЫМ, О РОДИНА МОЯ

* * *

Не грусти, моё сердце, а слёзы оставь для дождей.
У нас отняли родину, мы же – смогли возвратиться,
Словно в небо отчизны взлетевшие смелые птицы -
Не предвестники бед, а посланники добрых вестей.

Будем верить в себя, и в родимые крымские дали
С восхищеньем глядеть, и взлетать высоко-высоко.
Мы на родине, значит, закончилось время печали.
Научиться счастливым быть – это совсем нелегко.

Мы на родине! Значит, лучшее ждёт впереди.
Возвращенье к родным берегам
нелегко нам досталось.
Пожелаем себе только самую-самую малость –
Снова в завтра глядеть, за спиною оставив дожди...

MY HOMELAND, OH MY CRIMEA

* * *

Silent prayer, falling asleep,
Mountains, the sea and fields whisper
How I love you, dear
Grandfather's Crimean land!

During endless separation
We all loved you more strongly.
And we outstretched our hands,
To this sole homeland.

Neither able to abandon our homeland
Nor let our loving hearts forget.
The Crimea, native land,
we know so little of your life,
Yet you loved us without getting tired.

Warm summer evenings burn down
Full of quiet and poignant dreams.
The sky of the Crimea lights candles,
Admiring the beauty of tears!

КРЫМ, О РОДИНА МОЯ

* * *

Тихую молитву, засыпая,
Шепчут горы, море и поля.
Как же я люблю тебя, родная
Дедовская крымская земля!

В годы нескончаемой разлуки
Мы тебя любили всё сильней.
И к тебе протягивали руки,
К родине единственной своей.

Никогда не сможет об отчизне
Любящее сердце позабыть.
Крым, родной, нам мало даже жизни,
Чтоб тебя без устали любить.

Догорает тёплый летний вечер
Полный тихих и щемящих грёз.
Небо Крыма зажигает свечи,
Восхищая красотой до слёз!

MY HOMELAND, OH MY CRIMEA

**DEDICATED TO THE BRIGHT MEMORY
OF MY MOTHER MAKSUDA.**

The Crimean evening. Pink distances.
A day falls slowly asleep.
And with aquamarine sadness
Houses in Tatar villages stand.

Flattened wings of a magic bird,
Flying over the Qyshqara village.
It strains its body from the effort,
While crying in a child's ringing voice:

"Hello, my native land!
There once lived my kartbaba.
I don't need any outlands…"
And the earth answered: "Hello!.."

Majestic mountains nod to me,
Fields demand grassy admiration.
And high seas say:
"Remember, this is your homeland!…"

Sleep melted. Gently touching
My mother's cheek to my cheek:
"My daughter – the sun has woken up,"
My mother's hand dandled me…

КРЫМ, О РОДИНА МОЯ

СВЕТЛОЙ ПАМЯТИ МОЕЙ МАМЫ МАКЪСУДЕ ПОСВЯЩАЕТСЯ.

Крымский вечер. Розовые дали.
Потихоньку засыпает день.
И в аквамариновой печали
Домики татарских деревень.

Распластав волшебной птицей крылья,
Над деревней Къышкъара лечу.
Напрягая тело от усилья,
Звонким детским голосом кричу:

«Мераба, земля моя родная!
Здесь когда-то жил мой къартбаба.
Не нужна мне родина чужая...»
И ответила земля мне: «Мераба!..»

Мне кивают величаво горы,
Кланяются травами поля.
И морские говорят просторы:
«Помни, это родина твоя!...»

Сон растаял. Ласково коснулась
Моих щёчек мамина щека:
«Моя дочка-солнышко проснулась», —
Нежит меня мамина рука...

MY HOMELAND, OH MY CRIMEA

* * *

The air is clean, and the grove is green here.
Pine forests, where pine needles smell pungent.
Oh, homeland, you are truly unique.
And we are forever, forever, with you.

Excitedly, you can drink clean air,
Be overwhelmed by secret dreams.
And perhaps, all may even be well,
So, everything can begin again here.

I do not say: "Unable, I cannot ..."
I believe in myself and believe in miracles.
Hence, I stayed on the native shore
And put aside nothing as impossible!

КРЫМ, О РОДИНА МОЯ

* * *

Здесь воздух чист, а роща зелена.
Сосновый лес, где терпко пахнет хвоя.
О родина, ты у меня одна.
И мы уже навек, навек с тобою.

Взахлёб здесь можно чистый воздух пить,
С мечтою сокровенной повстречаться.
И даже может, очень может быть,
Что заново здесь может всё начаться.

Не говорю: «Не в силах, не могу...»
В себя поверю и поверю в чудо.
Я на родном осталась берегу
И больше не уйду уже отсюда!

MY HOMELAND, OH MY CRIMEA

* * *

Like a knife in the heart - deportation...
Crying light in the high sky
Raced the train from station to station,
Patchy repetitions of "no more homeland ..."

Leaving the sky inverted
In the non-returnable misty distance.
About homeland, about an abandoned Crimea
My sadness freezes the heart.

КРЫМ, О РОДИНА МОЯ

* * *

Словно в сердце ножом - депортация...
В вышине неба плачущий свет.
Мчался поезд от станции к станции,
Зло твердя: «Больше родины нет...»

Уходил небосклон опрокинутый
В невозвратно-туманную даль.
Об отчизне, о Крыме покинутом
Застывала на сердце печаль.

MY HOMELAND, OH MY CRIMEA

* * *

Do not ask me
What does the word "deportation" means ...

I cannot find words without tears,
Alas, only mournful epithets come.
My people were taken like cattle,
False witness used as a justification.

Why didn't these night butchers,
Fall to their death in heroic battles?
Before women and children's swords
Instead, people were driven to wagons.

Who crowded at the door?
Not my mature memory.
Perhaps father's memories again?
My parents-in-exile,
Alas, are gone forever.

Although, possibly one appeared
So, who will take the blame ?!

КРЫМ, О РОДИНА МОЯ

* * *

Не надо спрашивать меня
Что значит слово «депортация»...

Мне не найти бесслёзных слов,
Увы, лишь скорбные приходят.
Народ везли мой, словно скот,
А ложь в свидетели приводят.

Зачем ночные палачи
Не смертью храбрых в битвах пали?
На женщин и детей мечи
Направив, всех к вагонам гнали.

Зачем столпились у дверей
Недетской памяти моей
Отца опять воспоминанья?
Мои родители в изгнаньи,
Увы, остались навсегда.

Но разве появился тот,
Кто на себя вину возьмёт?!

MY HOMELAND, OH MY CRIMEA

* * *

Eyes blur with tears,
While my mouth cries silently.
I look longingly at the photos,
This is the nine hundred and forty-fourth.

From the Tashkent police department
An answer came to the requests:
Maksuda was deported …
Mom was thirteen years old.

Under the cover of a foreign land
My mother is lying now.
Cranes raise their voices over her,
There is nothing worse than loss in this world.

Be the Almighty with me everywhere
And save children from harm.
My mother's name was Maqsuda,
Mom was thirteen years old.

Eyes clouded by sadness,
While tear runs after tear,
But looking back at me point-blank
I see my young mother's eyes.

Rays of sunlight disappeared in the clouds,
The rain cries through thunderstorms again
But eyes look at me from heaven
The eyes of my wise mother...

КРЫМ, О РОДИНА МОЯ

* * *

Затуманит глаза слезой,
И заплачет беззвучно рот.
Я на фото гляжу с тоской,
Это сорок четвёртый год.

Из ташкентского ГУВэДэ
На запросы пришёл ответ:
Депортирована Максуде...
Было маме тринадцать лет.

Под покровом чужой земли
Моя мама лежит теперь.
Голосят над ней журавли,
Нету в мире горше потерь.

Будь Всевышний со мной везде
И детей сбереги от бед.
Звали маму мою Максуде,
Было маме тринадцать лет.

Затуманен печалью взор,
И бежит за слезой слеза,
Но глядят на меня в упор
Юной мамы моей глаза.

Солнца луч в облаках исчез,
Плачут снова дождь и гроза,
Но глядят на меня с небес
Мудрой мамы моей глаза...

MY HOMELAND, OH MY CRIMEA

DEDICATED TO BRIGHT MEMORY OF MYMOTHER MAKSUDA.

Where are you, child-butterfly?
Where is the poplar?
Where are you, miss barefoot
My mysterious Maksuda girl?

Your little feet
If I find their trace,
To the ends of this earth by foot
I will follow you.

Crimean wind whispers to me:
"Oh, you do not need dreams,
So, I spilled torrents here
Of innocent tears,

Helpless old people,
Women and children
Driven through dark nights
Like herded cattle.

In the back with machine guns
Urging them on."
I have no soul, no tears,
Let to finish my verse instead.

Where are you, child-butterfly?
Where is the poplar?
Where are you, miss barefoot
My mysterious Maksuda girl?

Crimean wind wound me
Yet, your skin does not chafe.
Only tears and suffering, however,
Are in my breast.

СВЕТЛОЙ ПАМЯТИ МОЕЙ МАМЫ МАКЪСУДЕ ПОСВЯЩАЕТСЯ…

Где вы, дети-бабочки?
Тополёчки, где?
Где ты, босоногая
Девчушка Макъсуде?

Ножек твоих маленьких
Если след найду,
На край света пешею
    За тобой пойду.

Крымский ветер шепчет мне:
«Ах, не надо грёз,
Пролилось немало здесь
Неповинных слез,

Стариков беспомощных,
Женщин и детей
Гнало ночью тёмною
Стадо нелюдей.

В спину автоматами
Подгоняя их».
Не души, слеза, меня,
Дай закончить стих.
Где вы, дети-бабочки,
Тополечки, где?
Где ты, босоногая
Девчушка Макъсуде?

Крымский ветер, рану мне
Ты не береди.
Слёзы и страдание
У меня в груди.

MY HOMELAND, OH MY CRIMEA

* * *

The early morning was troubled,
Sorrow emanated from surrounding fields.
They were taken away into exile
Those white-winged swans.

Their wings were tightly tied,
In order not to soar skyward.
As swans, they were obliged
To forget their homeland.

Oh, for what, for what type of exile
Are white birds sent into outlands?
Farewell then, my gracious homeland,
As sorrow saddens my eyes.

Birds caught in a cycle of stifled breathe.
They preferred being in heaven or fields!
But listen, can you hear?
Our Mother, the Earth, is crying!

Seashores echoes with sobbing,
Heaven sends a silent reproach,
Seeing white birds suffering so.
Shame upon shame to executioners!

Lets not go to the Salt river!
It brings heart pain, and pain to the eyes ...
Through sorrows and sufferings
Because birds need to be in the clouds.

КРЫМ, О РОДИНА МОЯ

* * *

Было в скорби утро раннее,
Скорбью веяло с полей.
Увозили прочь, в изгнание
Белокрылых лебедей.

Крылья крепко были связаны,
Чтобы в небо им не взмыть.
Были лебеди обязаны
Свою родину забыть.

Ах, за что, за что изгнание
Белых птиц в чужую даль?
С милой родиной прощание,
И в глазах печаль, печаль.

Птицам в путах трудно дышится.
Им бы в небо и поля!
Но прислушайтесь, вы слышите?
Это плачет мать-земля!

Море вторит ей рыданием,
Небо шлет немой укор,
Видя белых птиц страдание.
Палачам позор, позор!

Не уйдут в реку забвения
Сердца боль и боль в глазах…
Сквозь невзгоды и мучения
Птицы снова в облаках.

MY HOMELAND, OH MY CRIMEA

* * *

Empty Cradle. Fire is extinguished in the oven.
The cooled bed. And there is no more tragic night.
Orphaned shelter. No need to look for Landlords.
The door is wide open,
and you can take what you want.

Star lights with farewell tears in the night.
A dog whines and howls on a chain.
And Tatar belongings are lying on the floor in a house.
The door is wide open,
and you can take what you want.

Brutal sounds of wheels. And a path to uncertainty.
Despair and sorrow in the eyes each day and night.
And it is impossible to embrace all the pain and horror
in this life ...
The door is wide open,
and you can take what you want.

Wagon. The gray-haired old man. And grandson next to him.
The baby in her arms. The women's eyes are tearful.
And that's all there is. And nothing else ...
The door is wide open,
and you can take what you want ...

КРЫМ, О РОДИНА МОЯ

* * *

Пустая колыбель. Огонь погас в печи.
Остывшая постель. И нет трагичней ночи.
Осиротевший кров. Хозяев не ищи.
Открыта настежь дверь, и можно взять,
что хочешь.

Прощальною слезой звезда в ночи горит.
Собака на цепи скулит и воет очень.
А в доме на полу татарский скарб лежит.
Открыта настежь дверь, и можно взять,
что хочешь.

Жестокий стук колёс. И в неизвестность путь.
Отчаянье и скорбь в глазах и дни, и ночи.
И не объять всю боль и этой жизни жуть...
Открыта настежь дверь, и можно взять,
что хочешь.

Вагон. Седой старик. А рядом внук его.
Младенец на руках. В слезах у женщин очи.
И это всё, что есть. И больше ничего...
Открыта настежь дверь, и можно взять,
что хочешь...

MY HOMELAND, OH MY CRIMEA

* * *

Soldiers were cordoning off areas
Around the Tatar villages all night,
And the Crimean wind in a frenzy
Sobbed and chased them away.

The trouble broke at dawn,
Shaking Tatar's houses.
And children cried, waking up
Under the gun and bayonet.

And our crying land flew after
Every departing train.
A mother hugged her child,
Whispering: "Oh, my son, my son …"

КРЫМ, О РОДИНА МОЯ

* * *

Солдат стояли оцепленья
Вокруг татарских сёл всю ночь,
А крымский ветер в исступленьи
Рыдал и прогонял их прочь.

Беда вломилась на рассвете,
Татарский сотрясая дом.
И плакали, проснувшись, дети
Под автоматом и штыком.

И плач земли летел вдогонку
Вдаль уходящим поездам.
А мать, прижав к себе ребёнка,
Шептала: «Вай, балам, балам…»

MY HOMELAND, OH MY CRIMEA

MEMORIES OF MY FATHER

The executioner controlled Tatars fate-
We were taken from my homeland.
One day our train stopped
We heard the cries of cranes.

Shouting anxiously and desperately
They are praying for compassion.
Crying to us from heaven for help,
But the Earth wept silently in return.

And so I wanted to become winged ...
I addressed the Creator with a prayer,
Whispered words that were the holy to the heart,
Wiping the tears off my face.

And the birds of the sky, with pure hearts,
Simply could not understand the people beneath
That can suddenly become butchers
Of innocent women, old people, and children.

P. S.
Swallows fly under the roof in spring.
Not destined to come back to our Crimean father ...
Yet, if I hear the cry of cranes,
My heart shrinks - and tears form on my face ...

КРЫМ, О РОДИНА МОЯ

ВОСПОМИНАНИЕ ОТЦА.

Судьбой татар палач распорядился-
Нас увозили с родины моей.
Однажды наш состав остановился,
Мы услыхали крики журавлей.

Тревожно и отчаянно кричали
Они, о сострадании моля.
С небес для нас о помощи взывали,
Но молчаливо плакала земля.

И так мне захотелось стать крылатым…
Молитвой обратился я к Творцу,
Шептал слова, что сердцу были святы,
Размазывая слёзы по лицу.

А птицам неба, с чистыми сердцами,
Никак им было не понять людей,
Что можно стать однажды палачами
Безвинных женщин, стариков, детей.

P. S.
Весною ласточки летят под крышу.
Не суждено вернуться в Крым отцу…
Но если журавлиный крик услышу,
Сожмётся сердце – слёзы по лицу…

MY HOMELAND, OH MY CRIMEA

* * *

They threw stones at us;
they threw us on the bench,
We were thrown into the train;
we were driven a strange distance.
But we did not break; we are the Crimean Tatars,
So, executioners did not pity us.

We were taken away, it seemed, non- returnable!
To regions unknown to us, to a cold fire.
Babies in hands under gunpoint,
Crying women and children tormented
morning breezes.

Severe: a long way to go, intended by fate,
We go through so many difficult years…
Oh my homeland, shine upon us,
Imperishable light of your people's love!

КРЫМ, О РОДИНА МОЯ

* * *

Бросали камни в нас, бросали нас на нары,
Бросали в поезда, везли в чужую даль.
Но не сломились мы, мы -- крымские татары,
И было палачам нисколько нас не жаль.

Нас увозили прочь, казалось, без возврата
В неведомый нам край, к холодному костру.
Младенцы на руках под дулом автомата,
Плач женщин и детей на утреннем ветру.

Суровый, долгий путь, назначенный судьбою,
Мы по нему идём так много тяжких лет...
О родина моя, сияет над тобою
Народа твоего любви нетленный свет!

MY HOMELAND, OH MY CRIMEA

CONFESSION OF OLD STEAM

At the old metal waste deposit
Where little was given to grasp.
People's hands forged me,
On rails as a bird to take flight.

My soul was winged,
So, I raced forward as I could.
Seeing the smiles of rich people
I drove their happiness into myself.

The days flew by rail, directly
Merging with years into fate.
But my memory is stubborn
Refusing to let me forget.

It happened in 1944
I cannot forget this date.
Although iron – my heart aches
Not really wanting to live.

And I became an iron Hamlet,
Solving the question: to be – or not to be.
Even though considering myself useless
While the whole world is willing to change.

It was May. Sad tears from heaven
Mournful stars rolled.
And screamed in frustration
Burdened by watching trains.

The children were burdened,
Both women and old people.
Oh, I do not forget these faces,
Their grief, pain, and anguish.

A gun pushed in their backs,
Old people were then driven to wagons.
While women and children were showered by abuse
Everything was closed and bolted.

But loud and disturbing
As a reproach to mankind,
The crying of children sounded.
It is an indelible disgrace!

And once a lump in our throats has arisen,
How can I grasp any sense?
"Child" is a word, strangely bitter
Once a traitor speaks it.

MY HOMELAND, OH MY CRIMEA

* * *

I'm saying from a far distance,
After passing through the layers of time.
Believe me, the train suffered
When you were driven into exile.

And I am getting blacker and blacker.
Although not from old age, that's the problem.
My eyes, alas, I don't dare to raise,
I'm already rusty with shame.

The soul becomes clear. This I confess.
People, please, forgive me!
I was sincere in my confession,
You purify my gravest sins.

From the Author

The fact that innocence is punished
My slandered people,
Reminds us we are tiny bells
Ringing for a rest.

КРЫМ, О РОДИНА МОЯ

ИСПОВЕДЬ СТАРОГО ПАРОВОЗА.

На свалке старого металла
Меня не всем дано узнать.
Людей рука меня ковала,
По рельсам птицей чтоб летать.

Моя душа была крылатой,
Я мчал вперёд что было сил.
Улыбками людей богатый
Я счастье их в себе возил.

Летели дни по рельсам прямо,
В судьбу сливаясь и года.
Но память не дает упрямо
Забыть мне что-то навсегда.

В сорок четвертом это было,
Мне эту дату не забыть.
Хоть из железа – сердце ныло
И не хотело даже жить.

И стал я Гамлетом железным,
Вопрос решая: быть – не быть.
Себя считая бесполезным,
Весь мир желая изменить.

Был май. Слезой с небес печальной
Катилась скорбная звезда.
И от бессилия кричали
Груз видящие поезда.

А грузом этим были дети,
И женщины, и старики.
Ах, не забыть мне лица эти,
Их скорби, боли и тоски.

Толкая в спину автоматом,
К вагонам гнали стариков.
Детей и женщин кроя матом,
Всех закрывали на засов.

Но сквозь засов тревожно звонко,
Как человечеству укор,
Плач увозимого ребёнка.
Он несмываемый позор!

И сразу ком возник у горла,
Ах, как мне это передать.
«Ребёнок» слово. Как же горько
С предателем его связать.

КРЫМ, О РОДИНА МОЯ

* * *

Я говорю из дальней дали,
Пройдя сквозь времени пласты.
Поверьте, поезда страдали,
Когда в изгнанье вас везли.

И я чернею и чернею.
Не старость это, вот беда,
Свой взор, увы, поднять не смею,
Я весь ржавею от стыда.

Душа яснеет. Это исповедь.
Народ, прошу, меня прости!
В своем признаньи был я искренним,
Ты грех мой тяжкий отпусти.

От Автора

За то, что безвинно наказан
Народ оклеветанный мой,
Пусть крошечный колокол в каждом
Звонит, отнимая покой.

MY HOMELAND, OH MY CRIMEA

* * *

The way to Crimea, to home, was closed for the Tatars,
The harmonies of our worship were broken.
Young and old people became fugitive, alas,
Despicable traitors and outcasts.

Our land was orphaned that same night,
Tears, like stars, rolled down into the sea.
Causing mountains and fields,
To choke with teardrops and grief.

Yet, our years were spent living in a foreign land,
And plexus ways went.
In one river without mixing water,
Love and pain flow in my soul.

КРЫМ, О РОДИНА МОЯ

* * *

Путь в Крым, домой, закрыт был для татар,
Нарушен лад молитвенного строя.
Изгнанником, увы, стал млад и стар,
Предателем презренным и изгоем.

Осиротела в ту же ночь земля,
Слезами звезды скатывались в море.
Заплакали и горы, и поля,
От слез захлебываясь и от горя.

Прожиты на чужбине наши годы,
И пройдены сплетения путей.
В реке одной, не смешивая воды,
Любовь и боль текут в душе моей.

MY HOMELAND, OH MY CRIMEA

**THIS POEM IS DEDICATED
TO MY GRANDFATHER LYATIF WHO USED TO LIVE IN
A CRIMEAN TATAR VILLAGE
NAMED KYSHKARA.**

Gray trees look like shades,
I see grandfather's house in the mist.
A quiet Tatar village means to me
A holy and a sacred place...

The years have passed.
The world seems so fragile,
My memory of the deserts like a myth.
For a moment, I hear the sounds of a violin,
Here is the place where grandpa lived.
His name was Lyatif.

My mother used to tell me about grandpa,
That he was wise and frank: and honest man,
He used to teach children the Koran:
They came from Tartar farms to learn from him.

He worked as teacher in a Tatar school,
While being a loving husband and a dad,
He used to truly love our Crimean land,
And was sincere in his nature to all around him.

Now I recall these stories once again,
I feel deep sorrows and grief,
I want so badly, my grandpa Lyatif,
To come to you and then to kiss your hand...

These beams of sunshine are quietly going down
Grandfather's house seems closer in the fume.
Now I regret one thing – that his tomb
Is on non-native and foreign grounds...

КРЫМ, О РОДИНА МОЯ

ПАМЯТИ МОЕГО ДЕДА ЛЯТИФА ИЗ КРЫМСКОЙ ДЕРЕВНИ КЪЫШКЪАРА ПОСВЯЩАЕТСЯ.

Словно тени серые деревья,
Домик деда видится во мгле.
Тихая татарская деревня
Для меня – святое на земле...

Жизнь была – и нет. Все в мире зыбко.
На пустынном месте память – миф.
Но поет и плачет в сердце скрипка,
Здесь когда-то жил мой дед Лятиф.

Мне о нем рассказывала мама,
Мудрым, честным был. Не прячась в тень,
Посвящал в священный стих Корана
Ребятню с татарских деревень.

Был учитель он в татарской школе,
Любящим был мужем и отцом,
Землю крымскую любил до боли,
Жил с открытым, искренним лицом.

Вспоминаю мамины рассказы,
И до слез обидно мне опять,
Что родному дедушке Лятифу
Не пришлось мне руку целовать...

Меркнет солнца луч светло и тихо,
Домик деда чудится во мгле,
Но могила дедушки Лятифа
На чужбине - в неродной земле...

MY HOMELAND, OH MY CRIMEA

* * *

Praying about Compassion,
Houses of Tatars stand like shadows.
And, falling to our knees,
We say: "Bismillah …"

We met no one at the entrance,
Water dried up in our wells.
Of the empty nest
Nobody, no one answered to us.

But our hearts found the road
Where quiet weeping and secret calls,
Where shelter moans like an orphan,
Into unending anxiety …

КРЫМ, О РОДИНА МОЯ

* * *

О сострадании моля,
Дома татар стоят, как тени.
И, упадая на колени,
Мы произносим: «Бисмилля...»

У входа нас никто не встретил,
В колодце высохла вода.
Из опустевшего гнезда
Никто, никто нам не ответил.

Но сердцем найдена дорога,
Где тихий плач и тайный зов,
Где сиротою стонет кров,
И нескончаема тревога...

MY HOMELAND, OH MY CRIMEA

UNFORGETTABLE YEARS.....

And in the murky haze of bad weather
Winds lined up with a grass mat.
Oh, those unforgettable years,
When gray dust covered aching dreams...

Fateful outcasts, children of the Crimea,
In their eyes, through tearful mists,
Sad and invisible to everyone
Passes a caravan of Memories.

КРЫМ, О РОДИНА МОЯ

НЕЗАБЫВАЕМЫЕ ГОДЫ...

И в мутной дымке непогоды
Ветрами выстланный ковыль.
Незабываемые годы,
Щемящих снов седая пыль...

Судьбы изгои, дети Крыма,
В глазах их, сквозь слёзы туман,
Печальный, никому незримый
Воспоминаний караван.

AUTHOR

Lenifer Mambetova (Memetova) is a poet and Crimean Tatar. In 2014, she won the best female work category in the Open Central Asia Book Forum and Literature Festival, held in Almaty, Kazakhstan.

Born in a small Uzbek town called Chirchik, situated near the Uzbek capital Tashkent, Mambetova studied at the Russian Philology department in Samarkand State University, named after Alisher Navoi. Later graduating, Mambetova began her career in the Chirchik Industrial-technical School. Working first as a librarian, then as a teacher of Russian language and literature. In 2006, she moved back to Crimea with her family.

EDITOR

David William Parry is a published playwright, author, dramaturge, Fellow of the Royal Society of Arts, active Libertarian and Wiccan. He is the founder and chair of Theo-Humanist Arts.

By profession, Parry taught English literature, drama, language and semantics. He has given readings as a poet and practising Pagan, delivered lectures, offered sermons and performed public rituals across the United Kingdom since 1996.

ILLUSTRATIONS

Usmanova Sabina was born in Simferopol, Crimea, 2003. By the age of 12, she studied foreign languages at an advance level in Simferopol School, while as a young (traditional) dancer, Usmanov performed with the Crimean Tartar dance ensamble "Dzhemite" for five years. Photographed in early childhood, she loved her homeland – Crimea. A passion reflected in her drawings.

TRANSLATION

ALTIMA GROUP

TRANSLATION CENTER

Translation Centre "ALTIMA GROUP" will provide a full complex of services on professional translation by various themes.

Our specialists are dealing with the majority of World languages, among which: English, German, Spanish, French, Chinese, Uzbek, Kazakh, Kirghiz, Turkmen and many others.

We are chosen by our Customers for: Quality; Favourable Prices; Correct/Exact Terms; Efficiency; Online Work; Confidentiality.

E-mail: altima.translation@gmail.com

MY HOMELAND, OH MY CRIMEA

HERTFORDSHIRE PRESS

Title List

Igor Savitsky: Artist, Collector, Museum Founder
by Marinika Babanazarova (2011)

Since the early 2000s, Igor Savitsky's life and accomplishments have earned increasing international recognition. He and the museum he founded in Nukus, the capital of Karakalpakstan in the far northwest of Uzbekistan. Marinika Babanazarova's memoir is based on her 1990 graduate dissertation at the Tashkent Theatre and Art Institute. It draws upon correspondence, official records, and other documents about the Savitsky family that have become available during the last few years, as well as the recollections of a wide range of people who knew Igor Savitsky personally.

Игорь Савитский: художник, собиратель, основатель музея

С начала 2000-х годов, жизнь и достижения Игоря Савицкого получили широкое признание во всем мире. Он и его музей, основанный в Нукусе, столице Каракалпакстана, стали предметом многочисленных статей в мировых газетах и журналах, таких как TheGuardian и NewYorkTimes, телевизионных программ в Австралии, Германии и Японии. Книга издана на русском, английском и французском языках.

Igor Savitski: Peintre, collectionneur, fondateur du Musée (French), (2012)

Le mémoire de Mme Babanazarova, basé sur sa thèse de 1990 à l'Institut de Théâtre et D'art de Tachkent, s'appuie sur la correspondance, les dossiers officiels et d'autres documents d'Igor Savitsky et de sa famille, qui sont devenus disponibles dernièrement, ainsi que sur les souvenirs de nombreuses personnes ayant connu Savistky personellement, ainsi que sur sa propre expérience de travail a ses cotés, en tant que successeur designé. son nom a titre posthume.

LANGUAGE: **ENG, RUS, FR**   ISBN: **978-0955754999**   RRP: **£10.00**
AVAILABLE ON **KINDLE**

Savitsky Collection Selected Masterpieces.
Poster set of 8 posters (2014)

Limited edition of prints from the world-renowned Museum of Igor Savitsky in Nukus, Uzbekistan. The set includs nine of the most famous works from the Savitsky collection wrapped in a colourful envelope. Selected Masterpieces of the Savitsky Collection.

[Cover] BullVasily Lysenko 1. Oriental Café Aleksei Isupov 2. Rendezvous Sergei Luppov 3. By the Sea. Marie-LouiseKliment Red'ko 4. Apocalypse Aleksei Rybnikov 5. Rain Irina Shtange 6. Purple Autumn Ural Tansykbayaev 7. To the Train Viktor Ufimtsev 8. Brigade to the fields Alexander Volkov This museum, also known as the Nukus Museum or the Savitsky

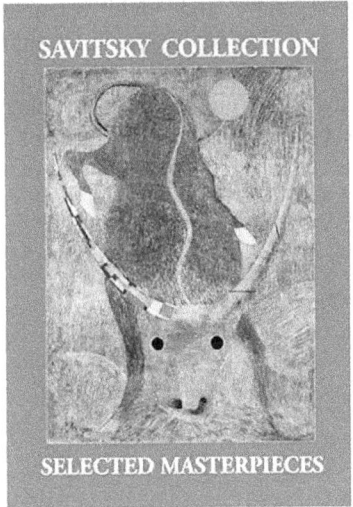 

ISBN: **9780992787387**
RRP: **£25.00**

**Friendly Steppes.
A Silk Road Journey**
by Nick Rowan

This is the chronicle of an extraordinary adventure that led Nick Rowan to some of the world's most incredible and hidden places. Intertwined with the magic of 2,000 years of Silk Road history, he recounts his experiences coupled with a remarkable realisation of just what an impact this trade route has had on our society as we know it today. Containing colourful stories, beautiful photography and vivid characters, and wrapped in the local myths and legends told by the people Nick met and who live along the route, this is both a travelogue and an education of a part of the world that has remained hidden for hundreds of years.

HARD BACK ISBN: **978-0-9927873-4-9**
PAPERBACK ISBN: **978-0-9557549-4-4**
RRP: **£14.95**
AVAILABLE ON **KINDLE**

Birds of Uzbeksitan
by Nedosekov (2012)

FIRST
AND ONLY PHOTOALBUM
OF UZBEKISTAN BIRDS!

This book, which provides an introduction to the birdlife of Uzbekistan, is a welcome addition to the tools available to those working to conserve the natural heritage of the country. In addition to being the first photographic guide to the birds of Uzbekistan, the book is unique in only using photographs taken within the country. The compilers are to be congratulated on preparing an attractive and accessible work which hopefully will encourage more people to discover the rich birdlife of the country and want to protect it for future generations

HARD BACK
ISBN: **978-0-955754913**
RRP: **£25.00**

Pool of Stars
by Olesya Petrova,
Askar Urmanov,
English Edition (2007)

It is the first publication of a young writer Olesya Petrova, a talented and creative person. Fairy-tale characters dwell on this book's pages. Lovely illustrations make this book even more interesting to kids, thanks to a remarkable artist Askar Urmanov. We hope that our young readers will be very happy with such a gift. It's a book that everyone will appreciate. For the young, innocent ones - it's a good source of lessons they'll need in life. For the not-so-young but young at heart, it's a great book to remind us that life is so much more than work.

ISBN: **978-0955754906** **ENGLISH** AVAILABLE ON **KINDLE**

«Звёздная лужица»

Первая книга для детей, изданная британским издательством Hertfordshire Press. Это также первая публикация молодой талантливой писательницы Олеси Петровой. Сказочные персонажи живут на страницах этой книги. Прекрасные иллюстрации делают книгу еще более интересной и красочной для детей, благодаря замечательному художнику Аскару Урманову. Вместе Аскар и Олеся составляют удивительный творческий тандем, который привнес жизнь в эту маленькую книгу

ISBN: **978-0955754906** **RUSSIAN**
RRP: **£4.95**

Buyuk Temurhon (Tamerlane)
by C. Marlowe,
Uzbek Edition (2010)

Hertfordshire based publisher Silk Road Media, run by Marat Akhmedjanov, and the BBC Uzbek Service have published one of Christopher Marlowe's famous plays, Tamburlaine the Great, translated into the Uzbek language. It is the first of Christopher Marlowe's plays to be translated into Uzbek, which is Tamburlaine's native language. Translated by Hamid Ismailov, the current BBC World Service Writer-in-Residence, this new publication seeks to introduce English classics to Uzbek readers worldwide.

PAPERBACK
ISBN: **9780955754982**
RRP: **£10.00**
AVAILABLE ON **KINDLE**

Under Wolf's Nest
by KairatZakiryanov
English –Kazakh edition

Were the origins of Islam, Christianity and the legend of King Arthur all influenced by steppe nomads from Kazakhstan? Ranging through thousands of years of history, and drawing on sources from Herodotus through to contemporary Kazakh and Russian research, the crucial role in the creation of modern civilisation played by the Turkic people is revealed in this detailed yet highly accessible work. Professor Kairat Zakiryanov, President of the Kazakh Academy of Sport and Tourism, explains how generations of steppe nomads, including Genghis Khan, have helped shape the language, culture and populations of Asia, Europe, the Middle East and America through migrations taking place over millennia.

HARD BACK
ISBN: **9780957480728**
RRP: **£17.50**
AVAILABLE ON **KINDLE**

When Edelweiss flowers flourish
by Begenas Saratov
English edition (2012)

A spectacular insight into life in the Soviet Union in the late 1960's made all the more intriguing by its setting within the Sovet Republic of Kyrgyzstan. The story explores Soviet life, traditional Kyrgyz life and life on planet Earth through a Science Fiction story based around an alien nations plundering of the planet for life giving herbs. The author reveals far sighted thoughts and concerns for conservation, management of natural resources and dialogue to achieve peace yet at the same time shows extraordinary foresight with ideas for future technologies and the progress of science. The whole style of the writing gives a fascinating insight into the many facets of life in a highly civilised yet rarely known part of the world.

ISBN: **978-0955754951** **PAPERBACK**   AVAILABLE ON **KINDLE**

Mamyry gyldogon maalda

Это фантастический рассказ, повествующий о советской жизни, жизни кыргызского народа и о жизни на планете в целом. Автор рассказывает об инопланетных народах, которые пришли на нашу планету, чтобы разграбить ее. Автор раскрывает дальновидность мысли о сохранение и рациональном использовании природных ресурсов, а также диалога для достижения мира и в то же время показывает необычайную дальновидность с идеями для будущих технологий и прогресса науки. Книга также издана на **кыргызском языке**.

ISBN: **9780955754951**
RRP: **£12.95**

Tales from Bush House
(BBC Wolrd Service)
by Hamid Ismailov
(2012)

Tales From Bush House is a collection of short narratives about working lives, mostly real and comic, sometimes poignant or apocryphal, gifted to the editors by former and current BBC World Service employees. They are tales from inside Bush House - the home of the World Service since 1941 - escaping through its marble-clad walls at a time when its staff begin their departure to new premises in Portland Place. In July 2012, the grand doors of this imposing building will close on a vibrant chapter in the history of Britain's most cosmopolitan organisation. So this is a timely book.

PAPERBACK
ISBN: **9780955754975**
RRP: **£12.95**
AVAILABLE ON **KINDLE**

**Chants of Dark Fire
(Песни темного огня)**
by Zhulduz Baizakova
Russian edition (2012)

This contemporary work of poetry contains the deep and inspirational rhythms of the ancient Steppe. It combines the nomad, modern, postmodern influences in Kazakhstani culture in the early 21st century, and reveals the hidden depths of contrasts, darkness, and longing for light that breathes both ice and fire to inspire a rich form of poetry worthy of reading and contemplating. It is also distinguished by the uniqueness of its style and substance. Simply sublime, it has to be read and felt for real.

ISBN: **978-0957480711**
RRP: **£10.00**

Kamila
by R. Karimov
Kyrgyz – Uzbek Edition (2013)

«Камила» - это история о сироте, растущей на юге Кыргызстана. Наряду с личной трагедией Камилы и ее родителей, Рахим Каримов описывает очень реалистично и подробно местный образ жизни. Роман выиграл конкурс "Искусство книги-2005" в Бишкеке и был признан национальным бестселлером Книжной палаты Кыргызской Республики.

PAPERBACK
ISBN: **978-0957480773**
RRP: **£10.00**

Gods of the Middle World
by Galina Dolgaya (2013)

The Gods of the Middle World tells the story of Sima, a student of archaeology for whom the old lore and ways of the Central Asian steppe peoples are as vivid as the present. When she joints a group of archaeologists in southern Kazakhstan, asking all the time whether it is really possible to 'commune with the spirits', she soon discovers the answer first hand, setting in motion events in the spirit world that have been frozen for centuries. Meanwhile three millennia earlier, on the same spot, a young woman and her companion struggle to survive and amend wrongs that have caused the neighbouring tribe to take revenge. The two narratives mirror one another, and Sima's destiny is to resolve the ancient wrongs in her own lifetime and so restore the proper balance of the forces of good and evil

PAPERBACK
ISBN: **978-0957480797**
RRP: **£14.95**
AVAILABLE ON **KINDLE**

Jazz Book, poetry
by Alma Sharipova, Russian Edition

Сборник стихов Алмы Шариповой JazzCafé, в котором предлагаются стихотворения, написанные в разное время и посвященые различным событиям из жизни автора.

Стихотворения Алмы содержательные и эмоциональные одновременно, отражают философию ее отношения к происходящему. Почти каждое стихотворение представляет собой законченный рассказ в миниатюре. Сюжет разворачивается последовательно и завершается небольшим резюме в последних строках. Стихотворения раскрываются, как готовые «формулы» жизни. Читатель невольно задумывается над ними и может найти как что-то знакомое, так и новое для себя.

ISBN: **978-0-957480797**
RRP: **£10.00**

13 steps of Erika Klaus
by Kazat Akmatov (2013)

The story involves the harrowing experiences of a young and very naïve Norwegian woman who has come to Kyrgyzstan to teach English to schoolchildren in a remote mountain outpost. Governed by the megalomaniac Colonel Bronza, the community barely survives under a cruel and unjust neo-fascist regime. Immersed in the local culture, Erika is initially both enchanted and apprehensive but soon becomes disillusioned as day after day, she is forbidden to teach. Alongside Erika's story, are the personal tragedies experienced by former soldier Sovietbek , Stalbek, the local policeman, the Principal of the school and a young man who has married a Kyrgyz refugee from Afghanistan . Each tries in vain, to challenge and change the corrupt political situation in which they are forced to live.

PAPERBACK
ISBN: **978-0957480766**
RRP: **£12.95**
AVAILABLE ON **KINDLE**

The Modernization of Foreign Language Education: The Linguocultural - Communicative Approach
by SalimaKunanbayeva (2013)

Professor S. S. Kunanbayeva - Rector of Ablai Khan Kazakh University of International Relations and World Languages This textbook is the first of its kind in Kazakhstan to be devoted to the theory and practice of foreign language education. It has been written primarily for future teachers of foreign languages and in a wider sense for all those who to be interested in the question (in the problems?) of the study and use of foreign languages. This book outlines an integrated theory of modern foreign language learning (FLL) which has been drawn up and approved under the auspices of the school of science and methodology of Kazakhstan's Ablai Khan University of International Relations and World Languages.

PAPERBACK
ISBN: **978-0957480780**
RRP: **£19.95**
AVAILABLE ON **KINDLE**

Shahidka/ Munabia
by KazatAkmatov (2013)

Munabiya and Shahidka by Kazat Akmatov National Writer of Kyrgyzstan Recently translated into English Akmatov's two love stories are set in rural Kyrgyzstan, where the natural environment, local culture, traditions and political climate all play an integral part in the dramas which unfold. Munabiya is a tale of a family's frustration, fury, sadness and eventual acceptance of a long term love affair between the widowed father and his mistress. In contrast, Shahidka is a multi-stranded story which focuses on the ties which bind a series of individuals to the tragic and ill-fated union between a local Russian girl and her Chechen lover, within a multi-cultural community where violence, corruption and propaganda are part of everyday life.

PAPERBACK
ISBN: **978-0957480759**
RRP: **£12.95**
AVAILABLE ON **KINDLE**

Howl *novel*
by Kazat Akmatov (2014)
English –Russian

The "Howl" by Kazat Akmatov is a beautifully crafted novel centred on life in rural Kyrgyzstan. Characteristic of the country's national writer, the simple plot is imbued with descriptions of the spectacular landscape, wildlife and local customs. The theme however, is universal and the contradictory emotions experienced by Kalen the shepherd must surely ring true to young men, and their parents, the world over. Here is a haunting and sensitively written story of a bitter -sweet rite of passage from boyhood to manhood.

PAPERBACK
ISBN: **978-0993044410**
RRP: **£12.50**
AVAILABLE ON **KINDLE**

**The Turkic Saga
of Genghis Khan
and the KZ Factor**
by Dr.Kairat Zakiryanov (2014)

An in-depth study of Genghis Khan from a Kazakh perspective, The Turkic Saga of Genghis Khan presupposes that the great Mongol leader and his tribal setting had more in common with the ancestors of the Kazakhs than with the people who today identify as Mongols. This idea is growing in currency in both western and eastern scholarship and is challenging both old Western assumptions and the long-obsolete Soviet perspective. This is an academic work that draws on many Central Asian and Russian sources and often has a Eurasianist bias - while also paying attention to new accounts by Western authors such as Jack Weatherford and John Man. It bears the mark of an independent, unorthodox and passionate scholar.

HARD BACK
ISBN: **978-0992787370**
RRP: **£17.50**
AVAILABLE ON **KINDLE**

Alphabet Game
by Paul Wilson (2014)

Travelling around the world may appear as easy as ABC, but looks can be deceptive: there is no 'X' for a start. Not since Xidakistan was struck from the map. Yet post 9/11, with the War on Terror going global, could 'The Valley' be about to regain its place on the political stage? Xidakistan's fate is inextricably linked with that of Graham Ruff, founder of Ruff Guides. Setting sail where Around the World in Eighty Days and Lost Horizon weighed anchor, our not-quite-a-hero suffers all in pursuit of his golden triangle: The Game, The Guidebook, The Girl. With the future of printed Guidebooks increasingly in question, As Evelyn Waugh's Scoop did for Foreign Correspondents the world over, so this novel lifts the lid on Travel Writers for good.

PAPERBACK
ISBN: **978-0-992787325**
RRP: **£14.95**
AVAILABLE ON **KINDLE**

Life over pain and desperation
by Marziya Zakiryanova (2014)

This book was written by someone on the fringe of death. Her life had been split in two: before and after the first day of August 1991 when she, a mother of two small children and full of hopes and plans for the future, became disabled in a single twist of fate. Narrating her tale of self-conquest, the author speaks about how she managed to hold her family together, win the respect and recognition of people around her and above all, protect the fragile concept of 'love' from fortune's cruel turns. By the time the book was submitted to print, Marziya Zakiryanova had passed away. She died after making the last correction to her script. We bid farewell to this remarkable and powerfully creative woman.

HARD BACK
ISBN: **978-0-99278733-2**
RRP: **£14.95**
AVAILABLE ON **KINDLE**

100 experiences of Kazakhstan
by Vitaly Shuptar, Nick Rowan and Dagmar Schreiber (2014)

The original land of the nomads, landlocked Kazakhstan and its expansive steppes present an intriguing border between Europe and Asia. Dispel the notion of oil barons and Borat and be prepared for a warm welcome into a land full of contrasts. A visit to this newly independent country will transport you to a bygone era to discover a country full of legends and wonders. Whether searching for the descendants of Genghis Khan - who left his mark on this land seven hundred years ago - or looking to discover the futuristic architecture of its capital Astana, visitors cannot fail but be impressed by what they experience. For those seeking adventure, the formidable Altai and Tien Shan mountains provide challenges for novices and experts alike

ISBN: **978-0-992787356**
RRP: **£19.95**

Dance of Devils , Jinlar Bazmi
by AbdulhamidIsmoil
and Hamid Ismailov
(Uzbek language),
E-book (2012)

'Dance of Devils' is a novel about the life of a great Uzbek writer Abdulla Qadyri (incidentally, 'Dance of Devils' is the name of one of his earliest short stories). In 1937, Qadyri was going to write a novel, which he said was to make his readers to stop reading his iconic novels "Days Bygone" and "Scorpion from the altar," so beautiful it would have been. The novel would've told about a certain maid, who became a wife of three Khans - a kind of Uzbek Helen of Troy. He told everyone: "I will sit down this winter and finish this novel - I have done my preparatory work, it remains only to write. Then people will stop reading my previous books". He began writing this novel, but on the December 31, 1937 he was arrested.

AVAILABLE ON **KINDLE**
ASIN: B009ZBPV2M

Vanished Khans and Empty Steppes by Robert Wight (2014)

The book opens with an outline of the history of Almaty, from its nineteenth-century origins as a remote outpost of the Russian empire, up to its present status as the thriving second city of modern-day Kazakhstan. The story then goes back to the Neolithic and early Bronze Ages, and the sensational discovery of the famous Golden Man of the Scythian empire. The transition has been difficult and tumultuous for millions of people, but Vanished Khans and Empty Steppes illustrates how Kazakhstan has emerged as one of the world's most successful post-communist countries.

HARD BACK
ISBN: **978-0-9930444-0-3**
RRP: **£24.95**

PAPERBACK
ISBSN: **978-1-910886-05-2**
RRP: **£14.50**
AVAILABLE ON **KINDLE**

Man of the Mountains
by Abudlla Isa (2014)
(OCABF 2013 Winner)

Man of the Mountains" is a book about a young Muslim Chechen boy, Zaur who becomes a central figure representing the fight of local indigenous people against both the Russians invading the country and Islamic radicals trying to take a leverage of the situation, using it to push their narrow political agenda on the eve of collapse of the USSR. After 9/11 and the invasion of Iraq and Afghanistan by coalition forces, the subject of the Islamic jihadi movement has become an important subject for the Western readers. But few know about the resistance movement from the local intellectuals and moderates against radical Islamists taking strong hold in the area.

PAPERBACK
ISBN: **978-0-9930444-5-8**
RRP: **£14.95**
AVAILABLE ON **KINDLE**

Silk, Spice, Veils and Vodka
by Felicity Timcke (2014)

Felicity Timcke's missive publication, "Silk, Spices, Veils and Vodka" brings both a refreshing and new approach to life on the expat trail. South African by origin, Timcke has lived in some very exotic places, mostly along the more challenging countries of the Silk Road. Although the book's content, which is entirely composed of letters to the author's friends and family, is directed primarily at this group, it provides "20 years of musings" that will enthral and delight those who have either experienced a similar expatriate existence or who are nervously about to depart for one.

PAPERBACK
ISBN: **978-0992787318**
RRP: **£12.50**
AVAILABLE ON **KINDLE**

Finding the Holy Path
by Shahsanem Murray (2014)

"Murray's first book provides an enticing and novel link between her adopted home town of Edinburgh and her origins form Central Asia. Beginning with an investigation into a mysterious lamp that turns up in an antiques shop in Edinburgh, and is bought on impulse, we are quickly brought to the fertile Ferghana valley in Uzbekistan to witness the birth of Kara-Choro, and the start of an enthralling story that links past and present. Told through a vivid and passionate dialogue, this is a tale of parallel discovery and intrigue. The beautifully translated text, interspersed by regional poetry, cannot fail to impress any reader, especially those new to the region who will be affectionately drawn into its heart in this page-turning cultural thriller."

В поисках святого перевала – удивительный приключенческий роман, основанный на исторических источниках. Произведение Мюррей – это временной мостик между эпохами, который помогает нам переместиться в прошлое и уносит нас далеко в 16 век. Закрученный сюжет предоставляет нам уникальную возможность, познакомиться с историейи культурой Центральной Азии. «Первая книга Мюррей предлагает заманчивый роман, связывающий между её приемным городом Эдинбургом и Центральной Азией, откуда настоящее происхождение автора.

RUS ISBN: **978-0-9930444-8-9**
ENGL ISBN: **978-0992787394**
PAPERBACK
RRP: **£12.50**

**Azerbaijan:
Bridge between East and West**
by Yury Sigov, 2015

Azerbaijan: Bridge between East and West, Yury Sigov narrates a comprehensive and compelling story about Azerbaijan. He balances the country's rich cultural heritage, wonderful people and vibrant environment with its modern political and economic strategies. Readers will get the chance to thoroughly explore Azerbaijan from many different perspectives and discover a plethora of innovations and idea, including the recipe for Azerbaijan's success as a nation and its strategies for the future. The book also explores the history of relationships between United Kingdom and Azerbaijan.

HARD BACK
ISBN: **978-0-9930444-9-6**
RRP: **£24.50**
AVAILABLE ON **KINDLE**

Kashmir Song
by Sharaf Rashidov
(translation by Alexey Ulko, OCABF 2014 Winner). 2015

This beautiful illustrated novella offers a sensitive reworking of an ancient and enchanting folk story which although rooted in Kashmir is, by nature of its theme, universal in its appeal.

Alternative interpretations of this tale are explored by Alexey Ulko in his introduction, with references to both politics and contemporary literature, and the author's epilogue further reiterates its philosophical dimension.

The Kashmir Song is a timeless tale, which true to the tradition of classical folklore, can be enjoyed on a number of levels by readers of all ages.

COMING SOON!!!
ISBN: 978-0-9930444-2-7
RRP: £29.50

Land of forty tribes
by Farideh Heyat, 2015

Sima Omid, a British-Iranian anthropologist in search of her Turkic roots, takes on a university teaching post in Kyrgyzstan. It is the year following 9/11, when the US is asserting its influence in the region. Disillusioned with her long-standing relationship, Sima is looking for a new man in her life. But the foreign men she meets are mostly involved in relationships with local women half their age, and the Central Asian men she finds highly male chauvinist and aggressive towards women.

PAPERBACK
ISBN: **978-0-9930444-4-1**
RRP: **£14.95**

Terror: events, facts, evidence.
by Eldar Samadov, 2015

This book is based on research carried out since 1988 on territorial claims of Armenia against Azerbaijan, which led to the escalation of the conflict over Nagorno-Karabakh. This escalation included acts of terror by Armanian terrorist and other armed gangs not only in areas where intensive armed confrontations took place but also away from the fighting zones. This book, not for the first time, reflects upon the results of numerous acts of premeditated murder, robbery, armed attack and other crimes through collected material related to criminal cases which have been opened at various stages following such crimes. The book is meant for political scientists, historians, lawyers, diplomats and a broader audience.

PAPERBACK
ISBN: **978-1-910886-00-7**
RRP: **£9.99**
AVAILABLE ON **KINDLE**

**THE PLIGHT
OF A POSTMODERN
HUNTER**
Chlngiz Aitmatov,
Mukhtar Shakhanov
(2015)

"Delusion of civilization" by M. Shakhanov is an epochal poem, rich in prudence and nobility – as is his foremother steppe. It is the voice of the Earth, which raised itself in defense of the human soul. This is a new genre of spiritual ecology. As such, this book is written from the heart of a former tractor driver, who knows all the "scars and wrinkles" of the soil - its thirst for human intimacy. This book is also authored from the perspective of an outstanding intellectual whose love for national traditions has grown as universal as our common great motherland.

I dare say, this book is a spiritual instrument of patriotism for all humankind. Hence, there is something gentle, kind, and sad, about the old swan-song of Mukhtar's brave ancestors. Those who for six months fought to the death to protect Grand Otrar - famous worldwide for its philosophers and rich library, from the hordes of Genghis Khan.

COMING SOON
LANGUAGES ENG
HARDBACK
ISBN: **978-1-910886-11-3**

The Wormwood Wind
Raushan Burkitbayeva- Nukenova
(2015)

A single unstated assertion runs throughout The Wormwood Wind, arguing, amid its lyrical nooks and crannies, we are only fully human when our imaginations are free. Possibly this is the primary glittering insight behind Nukenova's collaboration with hidden Restorative Powers above her pen. No one would doubt, for example, when she hints that the moment schoolchildren read about their surrounding environment they are acting in a healthy and developmental manner. Likewise, when she implies any adult who has the courage to think "outside the box" quickly gains a reputation for adaptability in their private affairs – hardly anyone would doubt her. General affirmations demonstrating this sublime and liberating contribution to Global Text will prove dangerous to unwary readers, while its intoxicating rhythms and rhymes will lead a grateful few to elative revolutions inside their own souls. Thus, I unreservedly recommend this ingenious work to Western readers.

COMING SOON

HARD BACK
ISBN: **978-1-910886-12-0**
RRP: **£14.95**

"Cranes in Spring"
by Tolibshohi Davlat
(2015)

This novel highlights a complex issue that millions of Tajiks face when becoming working migrants in Russia due to lack of opportunities at home. Fresh out of school, Saidakbar decides to go to Russia as he hopes to earn money to pay for his university tuition. His parents reluctantly let him go providing he is accompanied by his uncle, Mustakim, an experienced migrant. And so begins this tale of adventure and heartache that reflects the reality of life faced by many Central Asian migrants. Mistreatment, harassment and backstabbing join the Tajik migrants as they try to pull through in a foreign country. Davlat vividly narrates the brutality of the law enforcement officers but also draws attention to kindness and help of several ordinary people in Russia. How will Mustakim and Saidakbar's journey end? Intrigued by the story starting from the first page, one cannot put the book down until it's finished.

COMING SOON
LANGUAGES ENG / RUS
HARDBACK
ISBN: **978-1-910886-06-9**

www.ingramcontent.com/pod-product-compliance
Lightning Source LLC
Chambersburg PA
CBHW071409160426
4281JCB00009IB/33/J